Power of Love
パワー・オブ・ラブ

本来の力と内なる愛を思い出す、スピリチュアル・アナトミー®

MOMOYO

ナチュラルスピリット

はじめに

ロンドンに暮らすようになって、もうすぐ10年（※初版出版２０１６年当時）。その間、本当にいろいろなことがありました。摂食障害を患ったまま渡英し、結婚・出産を経験。そして、本気で自分を癒そうと決意してから、自分自身の何かを掃除するために、ありとあらゆるワークを体験しました。

ある日、自分の中に魔法の空間があることを発見しました。それは、別の表現をすると、魂のエネルギーであり、これこそが本当の私だったんだ！　と気づいたのです。

魔法の空間と、私が自分自身に試したエネルギーワークを、流れのままに人に提供するようになったのが、今から約5年前（※）。私のもとを訪れてくれるクライアントさんに、常識を飛び越えた不思議なことやたくさんのミラクルが起こるようになったのです。

現在、私は、『スピリチュアル・アナトミー®』というワークを軸に、セミナーやワークショップ、セッションを行っています。また、私の中にいて私を導くような宇宙人（高次元の存在）からのメッセージを届けたり、龍の周波数を通じて高次の自分に目覚めるアチューメント（調整・調律）をすることもあります。

『スピリチュアル・アナトミー®』とは、一言でいってしまうと「ホワイト・マジック」。それは、人のココロを愛に戻すためのツールです。

もう少しだけ説明すると、自分の中にある闇に気づいてもらい、それを光に変えていいんだと知ってもらうことです。闇を光に変えていくこと。それは、本当の自分、つまり魂に気づくこと。そこに辿りつく旅《ジャーニー》こそ人生なんだと、私は信じています。

闇と光という人生の〝アート〟を、一人でも多くの人に楽しんでいただけたらいいな。そんな想いから、本書が誕生しました。

人は誰もが、人生のアーティスト。あなたは、どのようなアートを描いていますか？

第II部　ありのままの自分で、人生を楽しむために

第I部

本当の私に出会うまでの旅《ジャーニー》

1章

人格という鎧を着けるまで

ちょっと変わった家庭環境

スピリチュアルワーカーとなるまでの私の旅には、いろいろなことがありました。大阪に生まれ育った私の家庭環境は、いわゆる〝普通〟の家庭ではありませんでした。

父は、わたしがいつ産まれたのか知りませんでした。私が産まれる頃、両親は別居状態でしたが、私を身ごもっているとわかったため、母は離婚を選びませんでした。その話を、私は幼い頃から聞かされていたため、「自分は産まれてきてはいけなかったんだ。お母さんを困らせてしまったんだ」と思うようになりました。確か2～3歳の頃です。

父は家を出ていたため、祖母（父の母）、母、3歳上の姉と私の、女4人暮らし。父の母はいるのに父はいないという、ちょっと変わった家庭環境で育ちました。

私が産まれたことを知った父は、決まって月に1度、生活費を入れた封筒を持って現れてはすぐに消える、そんな存在でした。親戚が集うお正月には、何事もなかったかのようにやって来て、そのときポケットに入っているお金をすべて私にくれました。500円しかなければ500円を、10万円入っていれば10万円をポンとくれたのです。全身ブランドのスーツで身を固め、来るたびに新しいスポーツカーやバイクで登場する父を、私はスーパースターのように感じていました。とはいえ、自分にお父さんがいるという感覚を抱くことはありませんでした。

父と離婚せず家に残った母は、姑に気を遣いながらの子育てに、イライラを募らせていました。その怒りは、末っ子である私に飛んでくることが日常でした。多額の資産がある家柄の娘であった母は、家柄や人目を気にする人でしたから、父が帰ってこないことと姑との板挟み状態での子育ては、ストレスだったでしょう。とても繊細な人だったのです。

泣いてばかりの子ども時代

幼稚園生から小学生にかけて、私は人と普通に会話ができず、何か質問されると2~3分かけて答えるような子どもでした。私に声をかけてくれる人の言っていることは理解できるのに、言葉を返すことができない。なぜなら、その人の口から出る言葉と、その人が波動で伝えてくる言葉がずれていることに、混乱していたからです。

たとえば、ある人から「ももよちゃんは可愛いね」と言われても、その人の「この子の家はいろいろあって可哀想」という本音が、波動として飛んでくるのです。どうしてみんなウソをついているんだろう……。人がウソをつくということが悲しくて、同時に孤独感を覚え、泣いていました。幼稚園から小学1年生まで、ずっと泣いて過ごしていました。

そんな私を見て、母も先生も「この子はいじめられているのでは？」と心配してくれましたが、自分では説明ができない。でも、ずっと泣いている自分は変な子なんだと自覚していました。

泣いてばかりの日々を過ごしていましたが、小学2年生から後のことはあまり記憶にありません。ただ強く覚えているのが、その頃から「自分の思考はどこから湧いているんだろう」と考え始めたことです。

時を同じくして、母方の祖母が鬱病になりました。毎週会いに行っていましたが、「あなたたちが毎週来てくれなかったら、私はこのまま孤独で死んじゃうからね」と平気で言い放つような、ネガティブな祖母でした。繊細で優しい人でしたが、常に「こうなってしまったらどうしよう」というネガティブな発想をしていました。そんな祖母を見て、自分の思考とそっくりなことに気づいたのです。事実、母親の家系には鬱の人がたくさんいました。

「私には、この人たちの思考が遺伝しているんだ」

そんなことを、小学生のときから気にし始めるようになりました。


一方、父方は真逆で、明るい家系。姉は父方の家系寄りで、友達がたくさんいてみんなに好かれる社交的なタイプでした。ですから、よく姉には「あなたはどうしてそんなに暗いの？　なんでそんなにネガティブなの？」と言われていました。

加えて姉から、「あなたはどうしたいの？」と聞かれると、常に人の気持ちを優先する子どもだった私は、「これをすると○○ちゃんが悲しむからできない」と答えていました。

それに対する「どうして人の気持ちが先に出てくるの？　意味がわからない」という姉の答えを、私は「怒られている、みんなから嫌われているんだ」と思い込むようになったのです。

「ネガティブな思考や感情は、すべて母方の家系から来ている。私はどうしてお母さんの家系寄りなんだろう。私もお父さんみたいに明るければ、お姉ちゃんのように人気者になれるのに」

そうして、〝このままじゃダメだ〟という自己否定が強まっていきました。とても孤独で、友達もいない。しかもずっと泣いている私は、「ちょっと変な子」というレッテルを貼られるようになりました。

魔女の友達

小学生の女の子なら、習い事やゲームやアイドルや好きな男の子のことなどに興味を持ちますよね。でも、私の興味は「人の気持ち」にしかありませんでした。

たとえば、誰かが悲しんでいると、「この人はこうなってこうなってこうなったから悲しいんだ」というパターンが見えたのです。それを見ていることがとても好きでした。人の感情がどうして湧いたのかが、手にとるようにわかるから楽しい。楽しいけど、これがわかってしまって楽しんでいるなんて、私はとても変なのでは？……と子どもながらに思っていました。

小学3年生のとき、姉の中学受験がありました。〝お受験〟期間になると、家族の視線はすべて姉に集中。そのため、私はますます孤独感を抱くようになりました。そんな寂しさを感じていた私のもとに現れたのが、「魔女」でした。

厳密にいうと、物心ついた頃から魔女には出会っていましたが、孤独感を抱いた頃から魔女とコンタクトをとるようになりました。漫画の世界に出てくるようなとんがりハットを被り、紫のお召し物を纏《まと》ったおばあさん魔女は、私が孤独を感じていると、電話を掛けてくれました。逆に「助けて」とこちらから電話を掛けることもできました。電話の合図は、耳鳴り。指で耳をぎゅっとふさぐと、電話をとることができたのです。魔女からは、「あなたは大きくなったら魔法使いになりなさいね。どんなに孤独でも大丈夫だから」と言われていました。肉眼で見えるのではなく、宇宙空間にいる感じで、魔女と会話をしていました。その宇宙空間と現実世界のギャップに、余計に孤独を覚え、「私は変なんだ」と落ち込むようになっていきました。

その頃に、魔女から龍を与えられたのを覚えています。日本で育った方ならご存知かもしれませんが、『まんが日本昔ばなし』というアニメのオープニングで、子どもが龍に乗って登場するシーンがありますよね。私のもとに来た龍も、まさにあの龍でした。龍に乗って宇宙空間を飛んだり、近所の公園に行ったりもしました。この世の言葉ではなくテレパシーで会話をしていましたが、龍は私が呼ぶと来てくれました。時には、一緒に眠ることもありました。

龍と魔女とはテレパシーでスムーズにコミュニケーションがとれるのに、この世ではテレパシーが使えない。ましてや、言葉がちゃんと使えないと認められない。だから人と上手に話せなかった私は、「自分がダメな人間だから、テレパシーしか使えないんだ」と思っていました。

中学受験にも成功した姉は賢くて、周りからいつも称賛されていました。

「私もお姉ちゃんのようになれば、みんなに褒めてもらえる。勉強も頑張っていい学校に入れば、みんなが認めてくれる」

そう思って同じように頑張るのですが、まったく勉強ができなかった。なぜなら、先生や教科書が何を言いたいのか、まったく理解できなかったからです。

私が興味を持っていた人の感情というのは、波動なので生きていて動きがあります。でも、黒板の文字や教科書は生きていないから動きがない。生きているものしか理解できない私には、学校の勉強を理解することはできませんでした。でも愛されるためには勉強を頑張らなくちゃと、頑張りはするのですが、どんどんと暗くなっていく日々。そんな自分を見て、「やっぱり私は鬱のおばあちゃんに似ているんだ……」と、雪だるま式に自己否定を強めてしまいました。

そんな私は心の中で、父方の祖母のようになりたいと願っていました。父がいなくても、私たち母娘と一緒に暮らしていた父方の祖母のことが、私は大好きでした。祖母とだけは、ココロで繋がっている感覚があったのです。

魔女とコンタクトをとっていた私ですが、この祖母こそ魔女のような人でした。祖母といると時々、不思議なことが起こりました。たとえば、「もうすぐあの人が来るから」と祖母が言うと、本当にその人が来るのです。そして、祖母に会うと病気が治るという噂を聞きつけて、たくさんの人が祖母に会いに我が家へやって来ました。とはいえ、祖母は何もしないのです。ただお茶を飲んで、TVを見ているだけ。でも、笑いの神みたいに、常に笑っている人でした。孤独感がなく、自信に溢れている。常に明るくて笑顔で、人から好かれている。そんなおばあちゃんは、私の憧れでした。

今思うと、祖母は生粋のヒーラー。なぜって、祖母に会うだけで笑顔になれるし、祖母の料理を食べるとみんなの病気が治ったのです。

あるとき、祖母に料理を習おうとしたのですが、何も教えてくれない。「ただ見ていなさい。そして、お野菜とおしゃべりをしなさい。美味しくなる瞬間がわかるでしょ」と言うだけ。おばあちゃんのようになりたい一心で料理にのめり込んだ私でしたが、だんだんと料理と話ができるようになりました。とても楽しかったのを覚えています。

祖母はたまに曾祖母の話をしてくれましたが、いわゆる霊媒《ミディアム》だったみたいです。亡くなった人が曾祖母の身体に入って話し出す。でも本人は記憶がなくて（トランス状態ですね）、入って来る存在によって人格が変わるから、家族は大変。あまりにも大変だから有名な神社へ連れて行くと、お祓いをしてくれた霊媒師さんに「この人が霊媒をしないのなら、代々続きますよ。霊媒は本来トレーニングをして、（亡くなった存在が）出たり入ったりするのをコントロールするもの。だから、トレーニングをさせるか、もしくは娘のあなたがやりなさい」と、祖母は言われたらしいのです。でも、祖母はそれを拒否しました。私からすると祖母は変わった人でしたが、料理も美味しいし、祖母に会うだけでみんなが元気になる、そんな人でした。

封印された感覚

年齢を重ねるごとに自己否定を強めていった私は、「鬱のおばあちゃんに似ているだけじゃなくて、魔女と龍と一緒にいて話ができるなんて、なんてダメな子なんだろう」と思うようになります。

そうして、小学5年生になったとき、すべてを封印したのです。魔女も龍も、唯一、興味があった人の感情をパターンとして見ることも、変だと思われる所以《ゆえん》すべてを。

「私は龍が好きだから、龍に乗ったと思ったんだ。そういうのは全部幻想で、ウソだったんだ。頭がおかしかったんだ」ということで、自分で自分に対して決着をつけたのです。

それから私は、ものすごくつらい長い期間に入っていきます。勉強ができないから友達にはバカにされ、お姉ちゃんと違って勉強のできない子という家族の空気感が後押しし、さらなる自己否定に陥っていきました。

中学生になると、また泣き出すようになりました。理由はもう、覚えていません。とにかく、ココロが凍っている感じだったのです。身体が反応して、勝手に泣き出すような感じでした。

中学に入るとすぐ、登校拒否になりました。「何かが凍っているの」と母に話すと、「またそんな変なことばかり言って！　せっかく入った学校なんだから行きなさい！　あんたに幾ら使ったと思っているの」と言われ、またもや自己否定が膨れ上がっていきました。周りの同級生たちが楽しそうにボーイフレンドの話をし始める頃、私は何かを忘れている感覚を覚えて、泣いていたのです。

2章 摂食障害との闘い

家庭崩壊

中学1年生の間は、ずっと登校拒否でしたが、その頃から拒食症になりました（摂食障害については、この後で詳しく書いていきますね）。

同じ頃、鬱だった母方の祖母が呆《ぼ》け始めます。鬱からくる呆けは、かなり大変でした。とにかく人の注目を集めるために、放火したり、警察を呼んだり、お隣の家に行って「今から死ぬからナイフを貸してほしい」と言ったり……。それを毎日繰り返すのです。

そのまったく同じ頃に、姿を現さなくなっていた父が、くも膜下出血で倒れたと連絡が入りました。病院から突然電話が掛かってきて、「これから手術ですが、恐らく命は助からないので、ご家族のみなさんは病院へ来てください」と言われたのです。みんなで覚悟して病院へ向かいましたが、父は手術で一命を取り留めました。

手術後、やつれきった父が一言、「来てくれたんだ」と言ったのですが、その姿と言葉に胸の辺りが熱くなる感覚を覚えました。「私にはお父さんがいたんだ」と、初めて思えたのです。

しかし、入院したことで父が隠していた2億円の借金が発覚。父は、代々続く事業を継いでいたのですが、父がやらなくても会社は回っていたため、借金だけが膨れ上がっていたようでした。一緒に仕事をしていた父の兄が、会社を回しながら借金を返してくれました。


そんな借金騒動がありながらも、父は術後1週間で元気になり、病院から脱走。当時、木村拓哉さんがCMをしていた車を、病室から発注して、その車に自分の彼女を乗せて温泉へ脱走しました。病室のベッドに、木村拓哉さんの等身大ポスターを寝かせてご丁寧に布団までかけて消えたのです。もう、病院は大騒ぎ。絶対安静の身でしたから。

結局父は山奥の温泉で見つかり、家族にそのまま強制的に連れ戻されました。そこで、借金のことを問いただされると、父はみんなの前で「今日で家族終わり！」と一言。それに対して母は母で、「そうよね。お金のない人と一緒にいても意味ないものね」と言って、あっさりと離婚が決まりました。

前述しましたが、母の実家は多額の資産のある家でした。関西に詳しい方なら察してくださるかと思いますが、大阪の本町に自社ビルがあるような家です。そんな家柄の娘ですから、「さ、帰りましょ！」と、姉と私を連れてさっさと実家に戻ったのです。でも私は、大好きだった父方の祖母と離れ離れになってしまうこともあって、「これまで一緒だった家族や家と、どうしてそんなにあっさりと別々になれるの？」と、ココロがついていけませんでした。

ちなみに、父曰《いわ》く、くも膜下出血になって自分は一度死んだらしい、どうせ死ぬのだから好きな車に乗って温泉に行きたかったとのこと。その後も自分の好きなことをして生きていた父は、現在も健在です。

つらい10代の毎日

中学1年生の終わり頃から、拒食症になったことは前述しました。当時、身長はすでに今と同じ162㎝ありましたが、体重は32・5㎏。口にするものは、水、トマト、たまにお豆腐だけ。2年半の間、本当にそれしか食べませんでした。

この時期の私の頭の中は、「どうやったら痩せていられるか」ということだけ。なぜ痩せていないといけないのかもわからないけれど、頭の中にテープレコーダーがあって、「痩せていなさい。痩せていなさい……」と繰り返し流れているような感じでした。当然、学校の授業も友達の話も聞いていない。当時の症状は、食事が喉を通らないのではなく、痩せていたい人にまるで乗っ取られているかのようでした。そこに、「私」はいませんでした。

自分では、頭が壊れちゃったんだ……とわかっていたのですが、逃げる方法がわからない。だから、とにかく痩せていなくちゃいけなかった。完全に自分がいない感覚で過ごしていた私は、学校に行くだけではカロリーを消費できないからと、1つ歳をごまかしてファストフード店でアルバイトを始めます。バイト先まで行くにも、カロリー消費のために電車ではなく1時間半歩いて通っていました。バイトは、すごくハードで体力消耗も激しかったけど、夜10時半まで働いてまた歩いて帰る。週2日だったバイトも、「痩せているためには、休んじゃいけないから」と、毎日通うようになります。これこそ、拒食症の思考回路なのです。

そんな生活を、高校1年生になるまでの2年間、続けていました。今思えば、水、トマトのみの摂取でしたが、ものすごく体力があったんですよね。健康で肌もすごくキレイだった。それはまた深い話なのですが……。

ある日、姉の友達が我が家へ遊びに来ました。その友達は、とにかくたくさん食べて全部吐くという人でした。「なんだろう、この人は」と思いましたが、私からしたら羨ましかった。その人はたくさん食べても、とても痩せていたんです。その人を見て、「私にもできるかもしれない！」と、2年半ぶりに食べ物を食べました。その瞬間、私は過食症へ変わりました。

とにかく食べたら吐かなくちゃいけない。吐いたら食べなくちゃいけない。

当時の生活は、朝起きたら食べ始めて、太らないために吐く。寝る直前まで食べて、吐いてから寝ていたので、睡眠は毎日4時間でした。2時間かけて食べ続けて、胃の辺りの皮膚が割れ始めるくらいまで膨れたら、今度は2時間かけて吐き続けるのです。これを1日3～4回繰り返す日々。

そんな毎日ですから、当然学校も行けません。拒食症のときは、毎日の行動から逸れて友達と遊びに行こうものなら太ってしまうという思い込みがあったので、友達からの誘いは断っていましたが、逆に過食症になってからは予定を決められませんでした。なぜなら、「食べなきゃ！」という〝発作〟が来たら、すべてをキャンセルして家に帰って食べなければならなかったから。だから、続けていたアルバイトも、仕事中に「食べなきゃ。じゃあ、帰らなきゃ」といった感じでしたのでクビになりました。

身体はボロボロでした。この世に生きているとは思えないくらい、本当につらかった。這って床を歩くような感じでした。

拒食症のときは、意外にも家族にバレないように隠し通せていたのですが、さすがに過食症は家族にバレました。それはそうですよね、家族が買っておいた食べ物を全部私が食べてしまうのですから。食べているというのではなくて、もはや単に身体に食べ物を入れるというリアクションなのです。そのリアクションが止まらない。まるで怪獣のように食べて吐くので、周りには気づかれないようにすごく注意していました。

当然、家族からは怒られました。特に姉は、母を心配させてはいけないと、私のことを責めました。その頃はまだ家族は、私が好きで食べたり吐いたりしていると思っていましたから、いつでもやめられるのだろうと思っていたのです。

食べていないときの私の頭の中を覗くと、常に自己否定でした。その自己否定から逃げたくて食べる……。その繰り返しでした。

救いを求めて

家族に過食症であることを怒られてから、カウンセリングに通い始めるようになりました。16歳からです。大阪で摂食障害を扱うカウンセラーのもとにはすべてと言っていいくらい行きました。

初めて行ったカウンセリングでは、「あなたはお母さんの愛情が足りていない。今日帰ったら、お母さんとこの話をしてみなさい」と言われました。早速、帰ってから母に言うと「じゃあ、私の子育てが間違っていたというの！」と余計に怒られて落ち込んだのを覚えています。

どのカウンセリングも、アドバイスや対策は教えてくれます。「こうこう考えなさい。あなたは生きているだけで愛されているんだから」とか、時には「貧困の国へ行けば、食べ物をそんなに吐くまで食べようなんて思えなくなるのでは」とまで言われました。でも、アドバイスを聞き入れられる状態なら、私はこんなふうにはなっていない。ココロでは、そう思っていました。

摂食障害になって学校に行けなかったので、呆けてしまった母方の祖母のお世話をよくしていました。なぜなら、祖母の気持ちが私にはよく理解できたからです。

最初は、一緒にいてあげないとおばあちゃんは孤独に陥るから、一緒にいてあげれば大丈夫なんだと思っていました。祖母が満足するまで一緒にいるのですが、翌日には、一緒にいた倍の時間を一緒にいないといけなくなるのです。安心したはずなのに、おばあちゃんの不安が大きくなって、どんどん一緒にいる時間が増えていく……。「あれ、おかしいな」と思い始めました。

これが、依存の始まりでした。そこで、私はあることに気づきます。人が人を癒すことはできないのだと。もっと深いレベルで何かを癒さなければいけないのだと。でも、その〝何か〟がわかりませんでした。

結局、祖母は安定剤を飲み始めるようになり、薬に依存してしまい、多量摂取で亡くなりました。自殺ではないのですが、過食症と同じように飲んでも飲んでも足りなくなってしまい、最期は15人分の安定剤を一度に飲んでしまったようです。

そして、祖母が亡くなった翌年には、弟のように育った1つ下の従兄弟が、鬱が原因で亡くなりました。19歳でした。彼も施設に入って安定剤を飲んでいたのですが、最期は心臓発作でした。

そのとき私は、「ほら、やっぱり」と思ったのです。「表面的なことではなくて、もっと深いところから何かを癒さないと、私たちは死んじゃうんだ」と。

従兄弟の母、つまり私の伯母も、自分の息子が亡くなった後、祖母と同じような鬱になりました。その従兄弟と私は、よく「似ていてダメだ」と言われていました。つまりは、私も鬱だったからです。摂食障害になったときには、自然と鬱を発症していたのです。

ここまで来て、「これは大変だ。なんとかして治さなければ」と本格的に思うようになりました。自分の内側で起こっていることが、外側で現実として起こっているからです。このまま人生が終わってしまうのか、でももしかしたら何かできるかもしれない……。そんな絶望と希望の間を行き来しながら、いろんなカウンセリング通いを続けました。

私はその頃、たいした試験をせずに進学できた大学へと進み、心理学科に籍を置いていました。心理学を学べば、〝変〟な自分を癒せるに違いない。その一心からでした。

とはいえ、大学では点数ばかり問われる世界。数々のカウンセリングと同じように、自分とは何か、なぜ摂食障害になっているのかなんて、誰も教えてくれませんでした。私はとにかく、真理を知りたい、自分を知りたい、そうすれば、この家族のパターンから抜け出せると信じていました。それは使命感でもあり、それをしないと祖母や従兄弟のように人生が終わってしまうこともわかっていたのです。もうまさに、自分との闘いの日々でした。

しかし、摂食障害は治るどころか、ひどいままでした。学校に行くのもままならないので、大学は2年間留年して、6年かけて卒業しました。

当時、私の状況を知りながら一緒にいてくれるパートナーがいました。彼がプロポーズしてくれたとき、私の家族はものすごく反対しました。その理由は、私が彼と一緒にいても、私の病気がまったく良くなっていないことと、「家柄」。当時の私は、自己価値が極端に低く、「こんな病気の私と一緒にいてくれる人がいるだけでもありがたい」と思っていましたが、私の家族はそうは思っていませんでした。むしろ、病気が治らないのは彼のせいではないかと思っていたようです。さらには、相手側の家柄の話までするなんて……と、私はこの一件で家族のことが信頼できなくなってしまいました。

高貴な家系のお嬢様として育った母にとって、自分の母や妹、加えて甥まで鬱で、しかも娘が摂食障害なんて、耐えられなかったでしょうね。だからこそ、余計に家柄や血筋にばかりこだわっていたのかもしれません。母には鬱の要素はあまりなく、自分の気持ちも感情も、あまり人には見せない強い人でしたし、人の感情に気づかないフリをして入り込まないようにする人でした。

そんな母も、私が大学へ進学する頃、親戚に多額の資産を騙し取られ、一文無しになってしまいました。母は、祖母のような感情の浮き沈みの激しいタイプでも、父のような明るい面しかないタイプでもない、その中間タイプの公務員の人と再婚しました。再婚相手は、私が3歳から拒食症になる前の14歳まで通っていたスイミングスクールのコーチだった人なのですが……。私が大学生のときには、再婚して一緒に暮らすようになりましたが、義父に摂食障害の姿を見られるのがとても嫌でした。

いろんなことが引き金となり、結局家族とまったく噛み合わなくなって凍り付いてしまった私は、日本を出ることに決めます。24歳のときです。

3章

異国で出会う「私」

ロンドンへの旅立ち

たまたまあるきっかけで、ロンドンから帰国したばかりの女の子と知り合いになりました。帰国子女のニオイがプンプンしていて、素敵な女の子でした。

家から出ることもやっとの私からすれば、海外で暮らすなんてすごいこと。彼女に「すごいね～」と言うと、「そんなの簡単よ！ ロンドンに行っちゃえば何とかなるし、言葉だって現地で覚えられるわよ。今すぐ行きなさい」との返事。そのとき私は、「そっか！ そうすればいいんだ」と、妙に納得しました。なぜなら、摂食障害は治らないし、パートナーとも別れたし、家族ともうまくいかない。しかも、私も近いうちに鬱で死ぬんだと思い込んでいたからです。

「私はどうせこのまま死んじゃうんだから、最後に日本以外の国を見てから死のう」

そう決心しました。わずか貯金30万円でしたが、ロンドン行きは怖くありませんでした。なぜって、すぐ死んじゃうと思っていたからです。鬱で亡くなった祖母や従兄弟が求めていたのと同じように、私も人から認められたいし褒められたいし、存在価値を認められたい。そのためにどうしたらいいか考えるのですが、摂食障害が邪魔をして、行動に移そうにも2分と持たないのです。そのループにはまっていました。

それと同時に、これ以上家族に嫌われたくないという想いもありました。私がいたら迷惑なんだ、だったら消えよう。そんな想いに後押しされ、ロンドンへと旅立ちました。

初めて体感する「自分」という存在

ビザを取得するため、ロンドンの語学学校に入学しました。海外行きを反対していた母から、「寮に入るならOK」と言われていたので、現地では日本人がたくさんいる寮に入りました。私自身は、そのまま消えるつもりでしたから、なんでもよかったのです。ただ母を悲しませたくなかったので、言われるがまま寮に入りましたが、そこでも鬱の女の子に出会います。

「またここにもいる……!」

彼女は大学生でしたが、すごく孤独で、誰かに見てもらいたくて寮の中を彷徨っていたのです。

その彼女と2~3分話しただけで、彼女の両親の顔や兄弟との関係、お母さんとのトラウマや、両家の家系のトラウマが原因となっているということが読み取れました。一瞬で、3パターンが絡まって彼女は今この状況なんだ、というのがわかったのです。それは、今思えば、私が幼い頃に人の感情の仕組みが手にとるようにわかっていたのと同じことでした。

ただ、彼女のことをそこまでわかるのに、治し方がわからなかったのです。その彼女に、何となくわかったことを伝えると、「この人にならわかってもらえる」と思って、毎晩私のところへ来るようになってしまいました。鬱だった祖母と同じように、彼女にも依存をさせてしまったのです。このとき改めて、私がいなくても彼女は自分の足で立たなくちゃいけないし、私に依存させてはダメだと思いました。依存は、根本的な解決にはならないと悟ったのです。

ロンドンでは、これまで鏡のように映し出すことができていた家族がいません。私のことを知っている人も、誰もいない。

私はそこで初めて、「自分」というものを感じたのです。

「誰もいないのに〝私〟がいる。なんだ、これは？」

それまでは、人がいてこその自分だったのです。逆をいえば、人がいないと自分がいない。人がいないのに、「自分」がいることの不思議さに感動して、だんだんとロンドン暮らしが楽しくなっていきました。

とはいえ、摂食障害は相変わらずの毎日。大量の食料を買う必要があったのですが、ロンドンは物価が高いので、1カ月で生活費がなくなってしまいました。すると、面白いことに友達がコーヒーチェーン店でのアルバイトを紹介してくれました。その店舗の店長は、いろんな国の女の子を雇っていましたが、日本人が欠けているとちょうど思っていたらしいのです。そこにたまたま私が現れたので、即採用。とはいえ、英語もできませんでしたので、「1カ月で話せないようだったら辞めてもらう」という条件で働くことになりました。

仕事がなくなっては食べ物が買えなくて困ってしまうので、言葉を学ぶためにも、バイト先の人たちと営業後に毎日飲みに行くことにしました。とはいえ、その頃もまだ摂食障害のために昼間は家から出られず、語学学校には行けませんでした。そのため、1カ月で学校から追放となりました。

学校には行けませんでしたが、アルバイトは続けました。バイトが終わってみんなで街へ繰り出すとき、ワクワクする「自分」を感じるようになっていました。「私がいる」という感覚です。彼らとは言葉もわからないし会話はできないけれど、一緒にいるだけで楽しいと思えるようになっていました。生まれて初めて、「自分」を体感して楽しめるようになったのです。

娘がもたらした癒しのチャンス

ロンドンで暮らすようになって、ちょうど4カ月が過ぎた頃、今のパートナーと出会います。

彼は私を見て、「あ、いた！」と言ったのです。それに対して私も、「あぁ、いたね」と返事。この出会いは説明が難しいのですが、待ち合わせの時間に、待ち合わせの場所にちゃんとお互いが来たという感覚でした。「あーよかった！　よく間違えずに来たね。危なかったね」という感覚。会えなかったかもしれないとも思いました。どこかで待ち合わせをしたことは思い出せるのです。それは彼も同じことを言っていました。ポーランド人の彼は、私が働いていた店舗のサブマネージャーでした。

その1カ月後には婚約をしましたが、当時はまだ英語ができなかったので、彼とはコミュニケーションがとれませんでした。3、4回同じことを言ってくれるものの、何を言っているのかわからない。だから「まぁいいか」という感じでしたが、お互いに「この人」というのは共通していました。

実は、結婚しようと言われたとき、1度断っているのです。なぜなら、私には摂食障害があって、普通の生活ができないからと。すると彼は、「治るからいいんじゃない」と気にもしない様子。そうして結婚することになったのです。

結婚は日本でしようと、彼を連れて日本へ里帰りしましたが、家族には絶対反対されるだろうと思っていました。なにせ「家柄」を理由にされた前例がありますから。しかし、家に行くと、母は「あ、そう」とあっさり。

「あなたがイギリスへ行くと言った時点で、誰かを連れて帰ってくることはわかっていたわ」と言われました。今思えば、実は母もサイキックなんです。ただ、母もまた、そういう自分を自分で抑圧した人。私に感情を読み取られないようにと、私には自分の感情を一切見せなかったのでしょうね。

そして、結婚した翌年に妊娠。でも変わらず摂食障害だった私は、「お腹の子を殺してしまうかもしれない」と思っていました。なぜなら、食べても吐いちゃうのだから、妊婦でいることができないと思ったのですが、妊娠期間だけ、過食を自分で止めることができたのです。とはいえ、とても無理してでしたから、娘が産まれると、また摂食障害へと戻ってしまいました。

摂食障害のときは、食べ始めると他のことがまったく考えられなくなります。理性がなくなってしまう。だから、「食べている間にこの子が死んじゃうかもしれない！」と不安でしたが、産まれて間もない子どもを抱いて、はっと気づきました。

今まで摂食障害を治したいと思っていた〝つもり〟だっただけで、本気で治したいと思っていなかったんだと。

そのとき、パートナーにこう言いました。

「私には家系のカルマが宿っているから、それを全部、掃除しないと娘は育たない。今から私は絶対に病気を治すから」

そんな言葉がどこから出てくるのか、自分でも不思議でしたが、彼は「うん、わかったよ」とすんなり理解してくれました。それから、イギリスで開催されるあらゆるセミナーに参加するようになりました。

当時は、学生結婚状態でしたので、本当にお金がありませんでした。雨漏りする倉庫のようなところに、家族3人で住んでいましたから。それなのに、セミナーや値段の高いコースに行こうとすると、臨時収入が入って無事に参加できていたのです。でも参加費にお金を使ってしまうから、家に戻るとまた小銭で生活する日々。でもまた行きたいセミナーがあると臨時収入がある。そんな繰り返しの生活を、2年続けました。正気じゃないくらい、あらゆるセミナーやコースを受けましたが、パートナーは何も言わず、娘の面倒を見てくれていました。

まるで取り憑かれたかのように、カルマの掃除に出たわけですが、当時はカルマという言葉がどこから出て来たのかもわからないし、カルマの掃除が何を指すのかもわかっていませんでした。とにかく「自分じゃない何かが身体に入っているから、自分じゃない何かが取れるまで、私はやります」と言っていました。

レイキやヒプノセラピーなど、いろんなコースに行きました。でも摂食障害が治るわけでもないので全然納得できませんでしたが、スキルは学んでいきました。加えて、今振返っても、あり得ない数の本を読みました。娘が産まれたことで、私は本当の意味で、自分を癒す旅に出たのです。

今、7歳になる娘は、私に本当の癒しを気づかせるためだけに、無理矢理この地球に生まれてきてくれたような子です。私とはまったくタイプが違いますが、すでに大きな役目を終えているので、あとは人生を存分に楽しむだけなのでしょうね。娘は、毎日がとても楽しそうです。

私たちは、人生で良いことが起こると幸せで、
そうでないときは不幸であるという「暗黙のルール」の
ようなものを持っている。
しかしながら時に、幸せを追い求めるがために不幸を経験する。
ここに、本当の人生はまだない。
私たちの本当の人生とは、
これまでの経験すべてが完璧に設計されていたことに
気がつくためのもの。
すべての経験が必要なこと。
その経験で取る自分の行動も、一見失敗に思えることも。
また、それにまつわる感情さえも。
何一つ無駄なことはなく、これらすべての経験が、
私たちを真の存在に気づかせてくれるのであり、
そのたった一瞬の気づきのために人生が起きている。
真の存在を思い出すときの感動を味わうために。
しかし人生はそれで終わりではない。
だから人生は面白い。
いよいよここから、人生の本番が始まる。
その人生とは、愛に生きる人生のこと。ここからどれだけ愛に
生きることができるか、私たちのチャレンジとなる。
そしてこれまでの人生は、単なる予行演習みたいなものなのだ。

from MOMOYO

4章

私が私に還る瞬間

自動書記との出会い

娘が生まれてからの2年間で、カルマの掃除に出たわけですが、ついに私の人生を変えるようなワークに出会います。

それが、『ＥＦＴ（Emotional Freedom Technique エモーショナル・フリーダム・テクニック）ピクチャー・タッピング』です。ＥＦＴは、感情を解放する癒しのツールとして知られています。ＥＦＴのトレーナーである、溝口あゆかさんに教えていただきました。

最初はスカイプでのセッションでしたが、紙とペンを用意して、解放したいと思う問題を感じて、絵で表現していくというワークです。

うながされるままに紙の上に手を置くと、描き始めた手が止まらないのです。私の場合、絵というよりも一見グチャグチャな線なのですが、何者かによって描かされているという感じ。そのくらい、止まらなかったのです。

そのとき、突然、不思議なことが起こりました。動かされている手のほうに、意識がシフトしたのです。動かされて何かを描いている手がいろんな方向に動いていて、まさに〝生きている〟感じでした。

「この手、生きている……！」

そう思い、ふっと手のほうに意識をシフトしました。次の瞬間、自分の〝意識〟が、「パン！」と外れたのです。

「あ、これは自分じゃなかったんだ……！」

それまでのネガティブな私、暗い私、変な私、カルマを持った私……そのすべてが、パチンと外れてしまったのです。

つまり、手を動かしているのが（勝手に動いていると思っていましたが）本当の「私」で、紙とペンを用意して「よし、癒さなきゃ」と思っている「私」は本当の「私」ではなかったのです。

「全部私じゃなかったのか……。本当の私は、実はずっと私の中にいたんだ」

そう気づくと、シュッとフラッシュバックして、物心ついた2歳頃に魔女といた私、感覚しかなかった私に、シフトしたのです。

それは、それまでの作り上げられた「私」が、本当の「私」に還る瞬間でした。

その頃の私は、まだ掃除をしなきゃという感覚が残っていました。でもEFTピクチャー・タッピングで手が勝手に動くようになってから、ハッキリとわかるようになったのです。

「掃除なんてしなくていいんだ。掃除しなきゃと思っている自分を、本当の『私』は眺めているだけなんだ！」

つまり、掃除をしないといけない、そうしないと癒されないと〝思い込んでいる〟のは、ウソの自分。その自分に、本当の「私」は騙されていたわけです。別の言い方をすれば、「洗脳されていた」のです。何も変わる必要はなくて、摂食障害だの何だのとギャーギャー言っている自分を楽しんでいる「私」が、実はずっといたということに気づいたのです。

摂食障害からの解放

習ったばかりのEFTピクチャー・タッピングを使って、自分を実験台にいろいろとワークを試してみました。

その頃から、不思議なエネルギー空間に触れるような感覚を覚えるようになりました。その感覚に触れると、癒されるというより、エゴの奴隷から解放されるような感じなのです。

それまでは、ウソの自分を「私」だと信じ込んでいた「エゴ」に支配される毎日でした。それが、「私の中にはこういうエゴがあるのか」という感覚に変わったのです。つまりは、エゴ＝本当の「私」ではないということに気づいたのです。

それに気づくことができたことで、それまで悩んだり心配していたことが、すべて完璧に起きていたんだと感じる瞬間が訪れました。

そんな不思議な感覚を抱く日が増え始めるのと比例して、あんなに苦しんだ摂食障害が徐々に消えていったのです。来る日も来る日も「食べなきゃ」と思考が支配されていたのに、摂食障害であることすら忘れるくらいにまでなりました。瞬間で治ったというより、いつの間にか、だんだんと別人へ生まれ変わったかのようでした。

その頃になると、自分にもワークをしてほしいという人が、我が家に訪ねてくるようになったのです。まだ仕事としてワークをしていたわけではありませんでしたが、不思議なことに自然とクライアントが増えていきました。

その後、溝口あゆかさんがトレーナーをされている『マトリックス・リインプリンティング』（EFTを発展させたセラピー）のセミナーが、ロンドンで開催されるということでしたので参加しました。それは、エネルギー・フィールドにアクセスして、個人のフィールドにある情報を変えることで、感情を解放し、思考や信念のパターンを変えるというものです。

実際に、クライアントにやってみると、教えていただいたとおりにはできない代わりに、小さい頃から見ていた、家系のパターンや感情のパターンが、ブワーッと見えるようになったのです。

相手のパターンが見えても、最初は何もできませんでした。相手はかつての私と同じように、問題を抱えている自分が本当の「私」なんだと思い込んでいるだけ。そうではなく、手を動かして何かを描いていた「私」が本当の「私」だったんだと気づいたように、問題に苦しんだり、癒されようとしている自分を眺めている、本当の「私」という存在に、この人はどうやったらシフトできるのだろう。そう思うようになりました。

そう思いながらも、ただただ思考を働かせずに、子どもの頃と同じように感覚のみで相手のパターンを見ていると、自然と相手の意識がシフトし始めるようになったのです。

その頃から、我が家へセッションに来てくれる人たちが、みんな同じような不思議なことを言い出すようになりました。

「思い出した」

「癒されなきゃじゃなくて、自分だと思っていた自分に騙されていただけなんだね」

すべてが波動

あるとき、日本の実家から『マトリックス・エナジェティクス』（リチャード・バートレット著／ナチュラルスピリット刊）という本が送られてきました。覚えがなかったので母に電話をすると、「あなたがオーダーしたんじゃないの。大事な本だと思って、急いでそっちへ送ったのよ」との返事。

自分でオーダーしたことすら忘れていたのですが、手元に届いた本を読んだ感想は、

「この著者は何て頭のいい人なんだろう」でした。内容は理解できなかったのですが、無性に著者に会いたくなったのです。

本の後ろにあるイベント情報のページを見ると、2週間後に日本でセミナーを開催するとのこと。すぐに問い合わせると、まだ空席はあったので、その場で申し込んでしまいました。セミナー代のお金がないにもかかわらずです。プラス、日本への渡航費もありませんし、2歳の娘を置いていくわけにいかない。でも、私の中では行くしかありませんでした。

とりあえずパートナーに相談すると、「それは行くしかないよ。会社には連絡して休みが取れるかどうか確認する。娘は僕が見ているから」と言ってくれました。

その後、母に、「アメリカから会いたい先生が日本に来るんだけど、学費がないんだ」と言うと、「何言ってるの。あなたが日本に忘れていったお金があるじゃない」との返事。

そうなのです。すっかり忘れていたのですが、貯金30万円を握りしめてロンドンへ渡ったつもりだったのですが、10万円ちょっと残していたらしいのです。銀行口座のお金を見てビックリ！　セミナー費プラス1万円のお金が残っていました。渡航費だけは母が貸してくれたので、そのまま日本でのセミナーに参加することができました。思うと、本の配送先が間違えて実家になっていたため、母に連絡したことで、お金の工面ができたのかもしれませんね。

私は、そのセミナーで何かを学びたいというのではなく、とにかく「この著者に会いたい」、それだけでした。いざセミナーに参加したのですが、著者であり講師のリチャードがステージに登場したとき、「えー、あなただったの？　もう知っている人じゃない！」という感覚でした。どうしても会いたくてロンドンから駆けつけたわけですから、正直、「なんだー」という感じでしたが、セミナーには全5日間すべて参加しました。

400人規模の大きなセミナーでしたが、なぜか私だけ、5日間のセミナー中、6回もデモンストレーションとしてステージに呼ばれました。あまりにも私だけ呼ばれるので、サクラなのではないかと噂がたったほどです。

最初にステージに呼ばれたときに、ステージ上で肉体がない波動の世界に入ってしまいました。その世界は、映画『マトリックス』そのもの。緑色の文字が、波打っているのです。

そのとき、「私たちって、本当に波動なんだ」と気づきました。

会場にいる人たちも楽しんでお互いにワークし合っているのを、私は横になりながらステージから見ていたのですが、すべて文字で見えるのです。人物に重なるようにして文字が見えていました。

それは、まさしく「情報」でした。会場で誰かがワークをすると、緑色の文字の波が動いて情報が変わるのです。そして、その情報はすべて繋がっていました。

このとき、私は波の中に入っている状態でしたが、肉体もしっかりあるし、意識もありました。ここは現実世界だとわかっているのですが、ただすべてが波打っている波動で、波の中で私たちはパシャパシャ遊んでいるだけなんだと理解しました。そして同時に、誰も、その波から出ることはできないということも悟りました。

その波の中にいるのがあまりにも気持ちよくて、リチャードのセミナー中もずっと身体が揺れていました。ただステージから降りるには、誰かに降ろしてもらわないと降りられなかったくらいヘロヘロでしたが。

それから2年間、私はずっと波の中にいました。ロンドンでの日常に戻ったのですが、波から出られないのです。波に漂っているように、家族といても友達といても、ずーっと身体が揺れていました。友達からも、別人になったとよく言われました。見た目も変わったようです。私という感覚がなくなってしまったようでした。

そんな状態でしたが、帰国後もどこから聞きつけたのか、我が家へセッションに訪ねてくる人は相変わらずいたので、それまでと同じようにワークをしていました。するとずっと揺れている私と同じように、クライアントも揺れ始めるのです。さらには、笑っているのに泣き出す人もいました。そして、奇跡に近いくらい、クライアントが変容し始めました。中には、ガンが消えたという人まで出てくるようになりました。私は何もしないで、ただ目の前に座って揺れているだけなのに……。

帰国から1週間後、突然パートナーが仕事をクビになってしまいました。本人はとても落ち込んでいましたが、それをきっかけに、私は仕事として本格的にセッションをするようになりました。

『スピリチュアル・アナトミー®』ついに始動

泣いてばかりだった子ども時代から、

「思考はどこから湧いてくるのだろう」

「どうやったら湧き上がる思考を変えられるのだろう」

と思ってきました。湧き上がってくる思考がネガティブだから、私は嫌われるんだとさえ思っていました。

しかし、やっと発見したのです。『マトリックス・リインプリンティング』でフィールドにアクセスしたように、一人ひとりの意識のフィールドにアクセスすれば、思考も現実も変えられるはずだと。

そして、そのフィールドにある、ウソの「私」の情報を見てあげればいいのだと。すると、本当の私、つまり「魂」が目覚めるということも発見しました。

「魂で魂を視る」ワーク。

このようにして、私のワークの基盤となっている『スピリチュアル・アナトミー®』が誕生しました。

世界中の海の水は必ずどこかで繋がっている。
私たちの肉体や意識は分離しているが、私が発見した
フィールドは海水とまったく同じで、たった一つだった。
私たちはこのフィールドを思い出したくて生きているとも言える。
時々、何かを探している感覚、何かを思い出そうとしている
感覚になることはないだろうか。
フィールドを思い出すことは、内なる愛を思い出すこと。
フィールドは愛に満ちていて、愛そのものなのだ。
しかしこの愛を外側に求めても限りがあり、余計悲しい思いを
することは、みなさんもう、おわかりでしょう。
真の愛は、どう考えても内側にある。
ハートの扉を開き、フィールドにアクセスすることで、
思い出すことになっている。
そしてそのフィールドとは、海とまったく同じ。
世界中の人々の意識がたった一つだったことを知る。
さらに私たちは、フィールドに入り、必要のなくなった
ネガティブな意識を意図して愛に変えることができる。
するとまた一つ、愛の導線が内側からできあがってくる。
そこからさらなる愛が溢れ出すのだ。
自分で愛を湧き立たせることができるなんて便利なこと。
私たちは愛なしに生きることができないのだから。
私たち人間に使われている電池は、愛なのだから。
フィールドに入ったときに、充電が必要ということだ。

from MOMOYO

第Ⅱ部

ありのままの自分で、人生を楽しむために

5章

魂の旅《ジャーニー》

思考と身体の関係

私たちの思考はどこから湧いているのでしょうか。

際限なく湧き上がるこれらの思考は、変えることができるのでしょうか。


私たちのハートの奥には「魂」があります。

本来、魂から発せられるシグナルを脳がキャッチし、その信号に応じた身体は「体感」としてキャッチします。

そして今度は、身体から脳にシグナルを送る。このシグナルは「愛」によって送られるのが、人間の自然な状態なのです。

しかしほとんどの人は、思考に脳が占領され、魂から発せられるシグナルがキャッチできていない状態にあります。

そのため、人間の本来の身体の機能も封印されています。

人間の身体は魂の感覚をキャッチし、それをこの世で表現することができるようになっています。

さらに脳は、本来宇宙のアンテナのような役割も果たします。

高次元の存在とコンタクトを取ることができる「サイキック」と呼ばれる能力であったり、他人の意識と簡単に繋がることができる「チャネリング」能力も、このアンテナ機能の一つです。

また高次元や他人と繋がるだけでなく、本来の自分である魂としっかりと繋がることができるのも、脳の本来の機能の一つです。

魂・脳・身体。この3つがしっかりと繋がっていることは、たくさんのメリットを生み出します。

まず一つは、自分に自信が持てるということです。

私たちが自分に自信を持つことができるのは、何かがうまくいったときや人に認められたときではありません。

魂から送られる愛のシグナルを脳がしっかりキャッチすることで、全身に「自信がある」という感覚が広がり、自己愛に包まれます。

この感覚により、私たちは物事をうまく達成することができるのです。物事をうまく達成できれば、当然人にも認められますが。

さらに、魂は宇宙の一部であり、分離がない根源の感覚をしっかりと持っています。ですから、身体と脳で、温かく愛に満ち溢れている魂の感覚をキャッチすることができていれば、必然的に恐れや不安などというネガティブな感覚を感じにくくなり、その代わりに安心感や幸福感に包まれます。

これも一つ目のたとえと同じで、私たちは、起こる出来事や物事により恐れや不安にかられるのではなく、魂としっかり繋がれていないことで、この世において人と分離している感覚が強まり、孤独感が増すのです。

私たちはどんどんと、恐れや不安、孤独感などのネガティブな感覚に襲われてしまうのです。さらにはそのネガティブな感情や感覚により、ネガティブな思考を働かせてしまいます。

これがひどくなると、「鬱」と呼ばれる状態になります。

鬱は、つまり思考の一人歩きですね。

魂と繋がれていないことで、思考が一人歩きを始め、私たちはネガティブな感情や感覚に襲われ、人生で路頭に迷ってしまうのです。

私たちが恐れや不安に包まれているとき、ろくな現実を引き寄せませんよね。これはみなさんも経験があるのではないでしょうか。

大切なのは、幸せになれるような現実を引き寄せようと頑張ったり努力をすることではなく、魂と脳、そして身体が、しっかり手を繋ぎうまく連絡を取り合って機能していることなのです。

この機能がうまく回っていることで、湧き上がる思考や感情が明るく安心感のある落ち着いたものに変わります。

これが人間の本来の機能です。

トラウマとは?

では、私たちの思考はなぜ一人歩きを始めてしまうのでしょうか。

なぜ脳と身体は、魂と繋がっていられないのでしょうか。

この原因の一つに「トラウマ」があります。

心理学の世界や、またみなさん自身の中でも「トラウマ」という言葉にさまざまなイメージや謂《いわ》れがあるでしょう。

ここではそれらになるべくとらわれず、クリアな気持ちで読み進めてみてください。


私たちが幸せだと感じるのは「体感」です。

その体感を得られることができるのは、嬉しいことが起きたときはもちろんですが、前述したように、魂・脳・身体、この3つがうまく機能しているときなのです。

この3つが愛によってうまく回っているときに、私たちは幸福感や安心感、安定感、喜びなどの感覚を身体で感じることができます。

この3つがうまく機能していることで、現実的にも嬉しい出来事を引き寄せやすくもなります。


この機能が一つでもバランスを崩すと、「ハート」という魂と脳を繋ぐ扉が閉ざされ、私たちの思考が一人歩きを始めます。

すると私たちはどんどん自信をなくし、何事にも不安を抱くようになり、さらに孤独を感じるようになってしまいます。

これにより、身体が病気を引き起こすこともあります。

私たちが子どもの頃は、この3つがとても上手に機能していました。しかし幼少期には、この機能が崩壊される出来事が次々と起こるようになります。それにより、私たちはハートを閉ざしてしまうのです。

それが「トラウマ」です。

つまりトラウマとは、ハートを閉ざす原因となっているものです。

私の場合は、小さい頃から上手に人とコミュニケーションが取れず、私はバカなのだと思い込んでしまう出来事が何度もありました。

これにより私は、ハートを閉ざしました。

特定の出来事がなくとも、たとえば家族間の雰囲気がいつも殺伐としていた、両親のケンカが絶えないなどという、自分とは直接関係がないことでも、子どもの頃の私たちはその重い波動に耐えられず、ハートを閉ざしてしまいます。

そして代表的なトラウマの例は、極端に恐怖や不安を感じてしまうような出来事に遭遇したとき、私たちはパシャッとハートを閉ざしてしまうのです。


魂・脳・身体。この3つがうまく機能しているときというのは、ハートもオープンな状態です。


このとき、私たちはとても幸せです。

私たちのハートという扉は、一日に開いたり閉じたりを繰り返しています。ハートが開いている状態が幸せなのであれば、閉じている間というのは不幸ですね。正確には、不幸な感覚が内側で増しているといえます。

そしてハートが閉じている原因が、このトラウマです。


トラウマが厄介なのは、トラウマ自体が意思を持ち、勝手に脳内に思考を作り出すところです。

いわば、一つの個性を持ち始めるのです。

料金受取人払郵便

神田局承認

1916

差出有効期間
2025年7月
31日まで
切手を貼らずに
お出しください。

郵便はがき

101-8796

509

東京都千代田区神田神保町3-2
高橋ビル2階

株式会社 ナチュラルスピリット

愛読者カード係 行

フリガナ			性別
お名前			男・女
年齢	歳	ご職業	
ご住所	〒		
電話			
FAX			
E-mail			
ご購入先	□ 書店(書店名:) □ ネット(サイト名:) □ その他( )		

ご記入いただいたお名前、ご住所、メールアドレスなどの個人情報は、企画の参考、アンケート依頼、商品情報の案内に使用し、そのほかの目的では使用いたしません。

ご愛読者カード

ご購読ありがとうございました。このカードは今後の参考にさせていただきたいと思いますので、アンケートにご記入のうえ、お送りくださいますようお願いいたします。

小社では、メールマガジン「ナチュラルスピリット通信」(無料)を発行しています。
ご登録は、小社ホームページよりお願いします。**https://www.naturalspirit.co.jp/**
最新の情報を配信しておりますので、ぜひご利用下さい。

●お買い上げいただいた本のタイトル

●この本をどこでお知りになりましたか。

1. 書店で見て
2. 知人の紹介
3. 新聞・雑誌広告で見て
4. DM
5. その他（　　　　　　　　　　　　　　　　　　　　　　　　　　　　　）

●ご購読の動機

●この本をお読みになってのご感想をお聞かせください。

●今後どのような本の出版を希望されますか？

購入申込書

本と郵便振替用紙をお送りしますので到着しだいお振込みください（送料をご負担いただきます）

書　籍　名	冊数
	冊
	冊

●弊社からのDMを送らせていただく場合がありますがよろしいでしょうか？

□はい　　□いいえ

この意思を持った個性は、脳の中であれやこれやと考えを巡らせ、私たちの人生に介入してきます。

さらには、恐れや恐怖感を湧き立たせます。

トラウマはいわば、真の自分ではない新たな人格です。

これを「エゴ」とも呼びます。

みなさんが、何かに対し不安や恐れを抱え、あれこれと考えを巡らせているときというのは、すべて真のあなたではなく、「エゴ」の仕業といえるでしょう。

さらには、トラウマが作り出した人格が人生にさまざまなことを投影します。

私たちのトラウマが作り上げた「エゴ」は当然ネガティブです。

「私は駄目な人間だ」「私は人から嫌われる」「私は愛されない」など……。

ハートが閉ざされ人間本来の機能がうまく機能していないのであれば、何かしらのトラウマを私たちは抱えているといえます。

そしてトラウマにより、マイナスな自己イメージを植え付けられています。

私たちはこの自己イメージを、他人や出来事に投影します。

つまり私たちが見ている世界は真実でも現実でもなく、単なるトラウマが作り出した「エゴ」の投影だといえます。

トラウマが作り出した「エゴ」というのはなかなか厄介ですね。

魂の遊び道具

トラウマを抱えている人は、生きているのが苦しかったり、不運な出来事を引き寄せたりと、うまくいかない現実にぶち当たります。そして、トラウマを癒したいと思うようになるのですが、なかなか癒すことはできません。

なぜなら、魂からすると、トラウマがないと「エゴ」が育たないからです。

なぜ、「エゴ」を育てたいのか？

それは、魂はエゴを通して人生を楽しんでいるからです。エゴがあるから、人生が楽しい。

そう聞くと、「え？」と思う方も多いかもしれませんね。でも私は、エゴがあることが駄目だとは思いません。エゴがなければ、この世でストーリーがないのと同じだからです。エゴは魂がストーリーを楽しむために存在するものであって、エゴが真の自分だと思い込んでしまっている私たちが問題なのです。

エゴがなければ、私たちは人生で何一つ感情を経験することができません。魂はこの世で起こるストーリーによって出会う感情を、非常に楽しんでいます。それは楽しい、嬉しいという、明るい感情だけではなく、つらい、苦しい、悲しいという感情もです。逆にこのネガティブな感情が感じられなければ、明るい感情を経験することもありません。

そしてこの感情は魂だけで経験できるものではありません。魂には他人と分離している感覚がないため〝無〟です。

ですからエゴという、バーチャルな世界にどっぷりはまり込んで、この世で起こっていることが現実であると信じきってしまっているエゴが必要なのです。

エゴを育てるには、トラウマの他に、「カルマ」も関係しています。前世から持ち込んだカルマだけでなく、家系のカルマもありますね。

なぜこの家族に生まれたのか。それは、カルマを持って生まれるためです。

トラウマやカルマは、解消して癒すことに意味はありません。なぜそれを持っているのか、なぜ持って生まれてきたのかと、魂に意識がシフトし始めると、すべてに意味があることが理解できるはずです。

それと同時に、すべてに意味がなくて、ただただ人生は面白いということに気づきます。矛盾しているように聞こえますが、ただ魂は楽しみたいだけなのです。魂を、この世で表現することを。

つまりは、トラウマも、カルマも、思い込みも、それにより育ったエゴすらも、魂にとっては〝遊び道具〟なのです。

私のもとには、幸せになりたいと願う人がたくさんやって来ます。しかし、頭で考える「幸せ」は、一生訪れません。

なぜなら、魂はそんなことを望んでいないからです。魂はただ、「今引き寄せている現実は、全部、遊び道具なんだよ」と気づいてほしいだけ。気づくまで、いろいろな現実を引き寄せるのです。

「これって、魂の遊び道具だったんだ！」

そう気づくことこそが、本当の意味の目覚めだと思っています。目覚めると、頭ではなく感覚でそのことが理解できるようになります。そして、無駄なことなど一つもなかったんだと思えるようになるのです。

病気だって、魂の旅《ジャーニー》

魂にとって、トラウマやカルマ、エゴはすべて遊び道具だったと目覚めることは、旅の目的の一つ。でも、魂からすると、目覚めることが重要なのではありません。ただ、目覚めるための旅が楽しいだけなのです。

こう言うと、

「じゃあ、目覚めれば楽になるんですね」

「目覚めたら、人生が変わるんですね」

「お金の流れも変わるんですね」

と、よく言われます。

確かに、目覚めた後は感覚が変わってくるので、変化したように見えますが、実際は何も変わりませんし、「私」というエゴもしっかりあります。

悲しい思いをするようなことも、つらいことも、これまでどおり起こります。しかしそれは、経験によって「思考」が、その経験を好きなように解釈して、感情を湧き立たせているだけであり、真実ではないということがわかるようになります。それらは、私たちがさらに深く目覚めるための経験の一つにすぎません。最初の目覚めから、私たちはより深く感情を経験するようになります。そして、その経験とそれによる感情によって、すべては思考の解釈にすぎないのだと知ることができるのです。そして、それすらも、魂は楽しい経験だと思っているのです。

目覚めに繋がる経験を通して、まるでタマネギの皮を剥いていくような感じで、魂は「本当の私はここにいるよ」というサインを出します。

その一つが、「病気」です。

病気は、身体からのサインですが、身体は思考に支配されてしまいます。「私」だと思い込んでいた感覚に、支配されるのです。それが、ウソの自分だということに気づかせないのが、エゴの役目なのですが。

脳も身体も、ウソの自分の思考に惑わされて生きていると、身体が「そうじゃないよ！」とサインを出します。

始めは、気分が悪い、頭が痛いなどの症状で表れます。それでも、サインを無視したり、本当の「私」に気づかないでいると、摂食障害やガンになってしまうのです。

そのとき、どのような状況が起きているのかというと、自分の内側で魂と思考のケンカが起こっています。病気は、そのケンカが表出しただけなのです。

ただそこで、

「病気に負けない、もっとすごい私になろう」

「もっと賢い人になろう」

「もっと認められる人になろう」

として、本当の「私」から遠ざかるケースもあります。割と多いケースですが。

病気になって初めて、

「私って、何だろう」

と気づくことができます。それは、本当の「私」と初めて向き合う大切な時間。そのために、病気はあるのです。

6章

ハートを開く

身体のインターネット回線

前章で、個人個人のフィールドには、思い込みやトラウマ、カルマ、感情、自己イメージなどの「情報」が刻まれていると述べました。

実は、ここにアクセスするだけで、私たちの魂は勝手に発動します。どんなにしがらみがあって、深く刻まれていようとも、ただアクセスするだけで、魂は動きを見せるのです。そういう機能が、人間にはどうも備わっているようなのです。不思議ですね。

ただアクセスするだけで、魂が動き出す。では、どうしたら情報にアクセスできるのでしょうか。

それは、ハートを開くことです。

ハートを開くと、４次元にあるフィールドにアクセスして、情報を見ることができるのです。そうすると、魂は自動的に動き出します。

そんな簡単なの？と思われるかもしれませんね。

そうなのです。私たちは、ハートを開いているときが〝ありのままの状態〟なのです。そして、その状態のとき、宇宙の流れをそのまま表現できるのです。つまりは、宇宙の媒体となっているということです。

逆を言うと、ありのままの状態ではない、つまりは魂のまま生きていないと、ハートは閉じてしまうのです。


人間の身体には、ポイントがあります（85ページ参照）。そのポイントを開くと、インターネットが開通するように、魂の声が聞こえるようになります。

私たちの身体のインターネット回線を開くポイントとして、まずはハートがあります。そして、ハートを開くと、同時に**首の付け根部分**（映画『マトリックス』でプラグを差し込む部分と同じ場所）も開きます。逆に、首の付け根が開くと、ハートも開くのです。

この部位は、神経の寄り所といわれているようですが、ここが詰まっている人があまりにも多くいます。首の付け根が詰まると、魂の声は届かず、思考の声しか聞こえなくなってしまいます。

この原理を利用して、人間をコントロールすることも可能なのですよ。まさに、「ブラック・マジック」ですよね。

さらに大切な身体のポイントが、**子宮**です（男性の場合もちょうど骨盤の位置）。子宮が開くと、男性性と女性性のバランスがとれるようになります。それは、男性でも同じことです。

ハートや子宮というと、チャクラのように思えますが、チャクラとは異なります。これは、宇宙との回線なのです。

この3つのポイントが開くと、インターネット回線は完了です。完了しただけでも、かなり波動は高くなります。これを私は、「アチューメント」と呼んでいます。つまりは、「調律」ということですね。

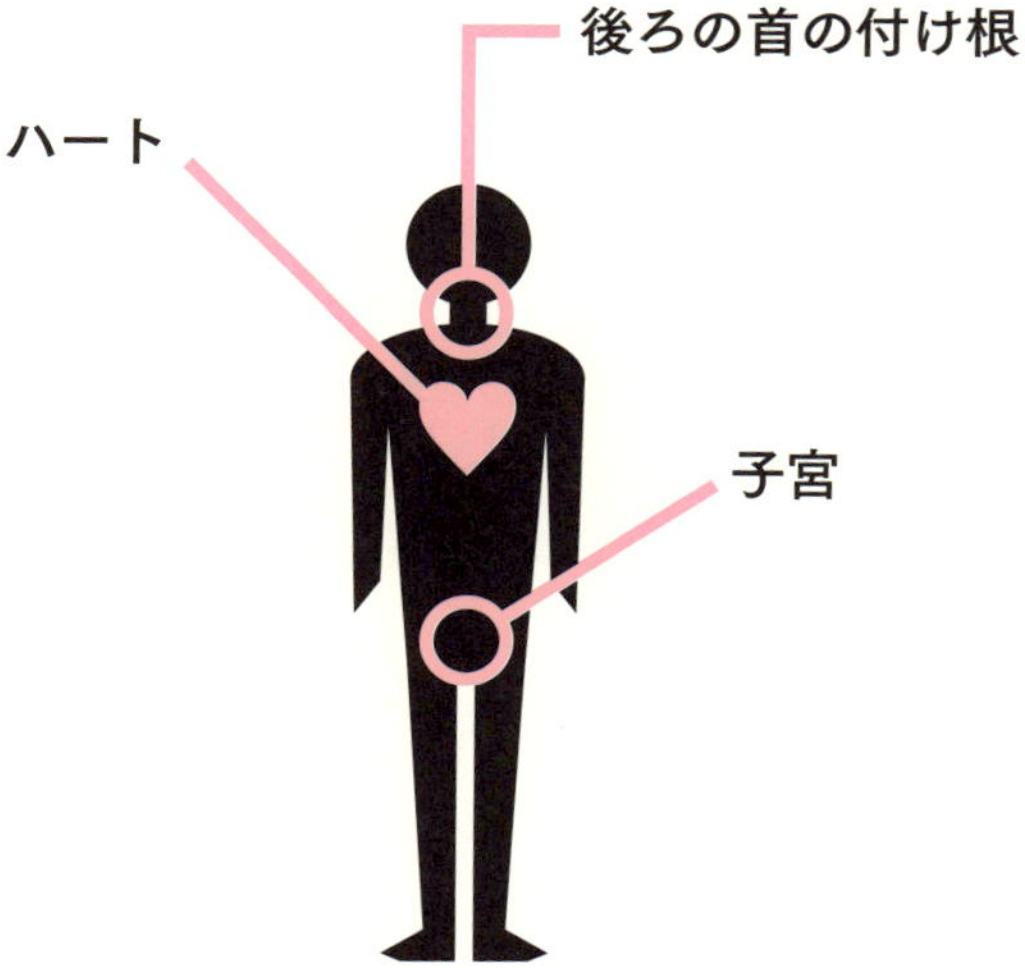

身体のインターネット回線

ハートを開く方法

「どうやってハートを開くのですか？」

よくこの質問を受けます。でもこの質問自体が、思考で開こうとしている証拠。ハートは思考で開けるものではありません。

一番簡単なのは、ハートが開いている人の隣に行くこと。これだけで、波動が反応してハートが開きます。

人だけではありません。自然の中や、波動の高い場所に行くとハートが開くような機能が、私たち人間には備わっているのです。

ですから、私のセッションやセミナーでは、特にハートを開くワークはしていません。ただハートが開いた状態で、クライアントや参加者の隣に行けばいいからです。そうすると、みなさんのハートが自動扉のように開くのです。

もう一つ、ハートの開き方があります。それは、魂が大好きなことに巡り会うことです。わかりやすい例だと、どんな職業につくか、何を学ぶか、訪れる場所、恋愛で出会う相手というものが挙げられます。また、音楽を聴くことで、音楽のキレイな波動によってハートが開かれることもあります。

こう言うと、「じゃあ、わたしの魂が好きなものをリーディングしてください」と言われるのですが、魂が本当に望んでいることはハートを開くことではなく、好きなものを探すことなのです。魂には、それが楽しいのです。なので、魂の大好きなことがわからなくても、何の問題もありません。

ハートが開いたら、仕事をクビに!?

身体のインターネット回線が開通して、ハートが開く。それはつまり、ありのままの状態でいること。「魂」でいることです。その状態のときは、とても波動が高まっています。そのため、ただ存在しているだけで、隣にいる人、出会う人、友達や家族が、高い波動に何かしらの反応をし始めます。

私のセミナーに参加した多くの方から挙がったのが、セミナー後に友達に会うと、その友達が元気になるという例です。

「あなたに会ったら、すごく気分が楽になったわ。また会ってくれる?」と言われたという話を、よく聞きます。

別の例として、セミナーに出た次の日に、旦那さんから離婚を切り出されたという方もいます。または、3日間のセミナーに参加していて、2日目に会社から電話が入り、もう来週から来なくていいと言われたという例もありました。仕事がなくなるパターンが、一番多いかもしれません。

もちろん、本人はショックですよね。でも私はそのようなとき、いつも「おめでとうございます」と言っています。なぜなら、魂が望んだことが現実となっているだけだからです。ハートが開いたら仕事をクビになったという現実が起こるということは、その仕事をしている自分は、魂にウソをついていたんだということですね。

私たちはみな本来、どこかの時点で、「ありのままの魂で生きるんだ」と目覚めるはずです。しかし、この世の次元が低いため、ハートが開く瞬間に出会えないというのが現状なのです。ハートが開く、つまりありのままの状態でいるチャンスを逃している。ある意味、何をしにこの世に来たのか忘れてしまっているのです。

でも、魂は忘れていません。そのために、「早く気づいて！」と信号を出しているのですが、私たちはその信号に気づかないフリを長いことしてきてしまいました。つまりは、長い間、自分にウソをついているのです。その結果として、病気が増え、何かが足りないという感覚、理由もないのに不安や孤独を感じるという人が増えているのです。

そうなると、人はどうするのでしょうか。

私の摂食障害はまさにこれでしたが、人からの愛で自分を充電しようとしてしまうのです。しかも、無意識に。

「どうしたら人から愛をもらえるだろうか」という働きが無意識下でも起こって、主軸が〝人から好かれそうな自分〟になる。そうして、どんどん本当の自分ではない自分を作り上げていく。こうなると、あとはもう堂々巡りです。

では、誰もが平等に持っている、本来の魂（＝ありのままの状態）とは何でしょうか。どんなものなのでしょうか。

それは、**愛**です。やっぱり、愛なのです。それは噴水のように、ハートから湧き上がるもの。そのため、人から愛をもらわなくても大丈夫なのです。

愛する愛さないではなく、愛そのものなんだという感覚に包まれる。これは感覚なので、思考では理解できません。でも、その感覚があれば、道を歩いているだけで幸せなのです。

そのくらい、私たちの魂は自信満々です。「あなたも素晴らしいけど、わたしもすごい！」と、内側から自信に溢れているのです。

そんな魂に、一刻も早く気づいてほしいのです。そうすると、人生が魂を表現する方向へとシフトしていきます。一度、魂にアクセスしてあげるだけで現実に変化が起こるのは、そういうことです。逆の引き寄せとして、パートナーと別れたり、仕事をクビになったりもしますが……。でもそれはすべて、魂の本来の感覚にシフトしている証拠。どんなことが起きようと、良い方向へと進んでいるのです。

そのようにして、一人ひとりが魂に気づいてあげると、愛の周波数が広がります。気づくと、この地球の次元が上がっているのです。でもまだ今のところ、この世の次元は低いので、魂に気づいた人から次元を移動しているということでしょう。

次元を移動すると、見える世界は同じですが、愛に溢れた人になります。ルールがなくても大丈夫な世界です。人を全面的に信頼できるようになります。もちろん、思考的な知識や情報もありますよ。テクノロジーだって、思考がなければできあがらなかったでしょう。けれど、今はもう十分に整いました。足りないものは、愛だけです。人類みなが探しているのは、外側ではなく内側にある**本来の愛**なのです。

この三次元は「Power of control」で成り立っています。

つまり、この世、人、自分自身をコントロールしようとするエネルギーがとても強い次元です。

それが良いわけでも、悪いわけでもありませんが、だからこそ、私たちがこの3次元だけに留まったとき、私たちそれぞれが内なる愛を思い出すことが、難しい環境に置かれているともいえます。


「スピリチュアル・アナトミー®」は、「Power of love」をみなさんにお伝えするためのツールです。

「Power of love」とは「Power of control」と真逆の働きで、すべては愛によって完璧に起こり、コントロールしなければならないものは何もないと感じながら、人生を違ったかたちで楽しむことができる次元のことです。


「スピリチュアル・アナトミー®」は、人々をそんな世界によみがえらせる、不思議で楽しいワークです。

これは2006年頃から宇宙人、もしくは高次元の存在のような者によって、MOMOYOに降ろされたものです。

ヒーリング、チャネリング、リーディング、テレパシー、サイキック能力、ミディアム能力……これらのような、これまで不思議で特殊能力と呼ばれてきたものは、すべての人が本来持ち併せている人間の自然の力です。

私たちは自身が持つ、この自然の力を、内なる愛を忘れるとともに、一緒に能力も封印させてしまいました。

よって目に見えるものをよりリアルに感じるようになり、それだけが真実だと思い込むようになってしまいました。

それがゆえ、目の前に置かれた現実に絡まって抜け出せなくなってしまったのです。

私たちが今できることは大きく分けて二つあります。

一つは、人間本来の自然の力を思い出すこと。

そして同時に、内なる愛を今一度思い出すこと。

「スピリチュアル・アナトミー®」はこの二つを同時に起こす、不思議な宇宙テクノロジーだといえるでしょう。

愛に触れることで、私たちは封印した内なる自身の愛を思い出し、私であるというエゴからも解放されるのです。

エゴはエゴであり、それ自体は良くも悪くもありません。

問題なのは、エゴを真の自分だと思い込んで空回りしてしまっていることにあります。

エゴがあるからこそ3次元が楽しめるのです。

エゴは人生をリアルに謳歌するための大切なアイテムです。

ですから、自分のエゴをよく知ることも大切になってくるでしょう。

不思議と私たちは時空を超え、違う次元に自分を存在させることで、エゴから自然と解放され、魂レベルでエゴを楽しむようになります。

そうするうちに、魂とエゴは統合を始めるのです。

気が付くと、私という感覚が消え、人生が自由自在に起こせるという状態になっているでしょう。

このようなとても不思議で魅力的なプロセスを踏みながら、私たちは「Power of control」の世界から、「Power of love」の次元へと移動して行くのです。

それこそが、魂が望む究極の願いであり、宇宙全体のミッションともいえます。

7章 スピリチュアル・アナトミー®

身体がスピリチュアルに目覚める瞬間

ハートを開くと、4次元にある情報にアクセスできて、魂が動き出すことは、すでにお伝えしましたね。それは、私が普段行っているセッションやセミナーの基盤となっています。

そのワークの名前が、『スピリチュアル・アナトミー®』です。

「アナトミー」とは、「解剖学」という意味ですが、スピリチュアルに人が機能するという意味でつけた名前です。

私たちの身体は、魂から送られた信号をキャッチするパソコンのようなものです。信号をインターネットに置き換えることもできますね。インターネットをキャッチして、そこに流れる情報を映し出す。それが、人間の本来の身体です。脳もそうです。脳は記憶したり考えたりする機能ではなく、魂から来る情報をキャッチするアンテナなのです。

『スピリチュアル・アナトミー®』は、魂の情報（それは「宇宙からの情報」と言い換えることもできます）にアクセスすることで、ありのままの魂の状態でいることを、身体が受け取るワークです。それは、魂、つまりスピリットに目覚めることでもあります。

スピリチュアルとは、スピリットであること＝魂であることだと、私は信じています。つまり『スピリチュアル・アナトミー®』とは、身体がスピリチュアルに目覚めるワークなのです。すると、私たちは魂の感覚に身体も戻っていきます。たとえば、身体が病気であったとしても、魂はただ病気を経験しているだけなのです。身体が病気であっても魂は病気ではないため、身体が魂にシフトすると病気が消えることもあります。これは必ずではありませんが。

魂の発動

では実際に、私がどのようなワークをしているのか説明していきます。ただし、『スピリチュアル・アナトミー®』のワークには、「これ！」という決まった流れがありません。そのときそのときの宇宙の流れが感覚となり、ワークをリードしていきます。

まず始めに、自分のハートが開いた状態で、クライアントの前に存在します。するとと、相手のハートが、パカッと開きます。中には、拒否反応を示す人もいます。それまでに培った「思考」が強い人、つまりはトラウマがたくさんある人はハートが開きにくいのです。抵抗を見せることもありますが、少しでも開けば大丈夫。遠隔でも同じようにハートを開くことができます。

次に、開いたハートからその人の情報がたくさん詰まっているフィールド、つまり4次元にアクセスします。そこには、トラウマや家系のカルマ、思い込みなどが刻まれています。それこそ、その人が本来の魂の状態になっていない原因です。ハートを開くと、その「情報」が見えてきます。

ハートを開くと一番見えやすいのは、その人の「自己イメージ」です。つまりは、「わたしは人から嫌われる」など、〝これがわたしだ〟という思い込み。「自己価値」ともいえますね。ハートを開くと、そんな情報が簡単に読み取れます。

情報を読み解くための一つの方法として、「自動書記」があります。4章で述べましたが、読み取った情報を、手が勝手に描いていくというものです。自動書記は、自分自身にワークすることができます（ワークの仕方は、本書１３０ページでお伝えしていますので、ご参照ください）。

または、その人の前にただ座っているだけで、情報を読み取ることもできますが、それを言葉にしたほうがよいと感じることもあります。その場合は、感覚に従います。これを言っちゃうと、世間的にはあまりよろしくないのでは？という言葉がポロポロ出てくることもありますが、感覚に従うようにしています。逆に、言葉にしなくていいと感じたら、それに従います。

読み取った情報は、実は「視る」だけでいいのです。面白いのですが、ただ情報を「視る」と、その人の魂が発動します。それだけで癒しになるのです。

魂が発動するのは、魂が喜んでいる証拠。「やっと気づいてくれた！」と、アクセスしてくれたことに喜んでいるのです。

魂が発動すると、その人の思考は一旦スイッチオフの状態になります。まるでシャットダウンしたみたいに、思考がパチンと落ちるのです。

すると、身体がうねり始めたり、身体の力が抜けて床に横たわったままピクリとも動かなくなる人もいます。また、それまでに溜めていた悲しみをワーッと出したり、中にはバレエを踊り出す人まで。その反応は、実にさまざま。魂が発動しないと、どんな反応をするのかわからないのですが……。

ただ共通しているのは、4次元への旅に出ていて、その世界でシフトが起こっているということです。

4次元の旅に出たとき、その人の内側ではいろいろと起こっていますが、思考がシャットダウンしているので3次元には特に何も起きていないように感じます。

このワークをするときは、感覚がすべてです。ですから、ワークをする私が、頭で考えないことが大切になってきます。ハート全開だった子どものようなスピリットのままワークをすることが鍵ですが、もっと正確にいうと、ワークを〝する〟というより、ワークが〝落ちてくる〟のです。つまりは、私は単なる媒体にすぎないということ。「スピリットで視る」とは、そういうことなのでしょう。

『スピリチュアル・アナトミー®』は、スピリットで見ることで、相手のスピリットが目覚めるワーク。つまりは、〝魂と魂のワーク〟なのです。

訪れる変化

スピリットが目覚めると、さまざまな変化が起こります。思考ではなく感覚の世界ですから、脳と思考が止まることに対して「怖い」という人はたくさんいます。普段から脳と思考がフル稼働していて、主導権を握っているので、「怖い」と思うのは当然の反応なのかもしれません。

頑張ることをやめることが怖い。そんな人も多いですね。そんなとき、『スピリチュアル・アナトミー®』では、スピリットでその人を見ていきます。すると、「怖い」と思っているその人のスピリットが開いていき、「怖くない。大丈夫なんだ」という感覚が湧いてきます。そうなると、「頑張らなくても人生は回っていくから大丈夫」という感覚へと変化していくのです。

このように、魂にアクセスすると、自然に次元が上がり、魂の本当の姿である愛になります。

すると、「人生を頑張って作っていかなきゃ」という思考ではなく、向こうから人生がやって来るのがわかるようになります。だから、焦りはありません。ただ経験を、人生を待っているだけ。そうなると、人生の在り方が、自然と変わっていくのです。

Case 1

症状　リウマチ
年代性別　30代女性
場所　日本・グループセッション

手足がむくんで、椅子に座ることすら痛そうな女性でしたが、セッション中、彼女は私の前でずっと泣いていました。「今日のセッションに来なかったら、死のうと思っていた」と言うくらい、痛みがひどかったようです。まだ年齢も若かったので、余計につらかったのでしょうね。

私は泣いている彼女の身体に触れましたが、波動が動いていないと感じました。とても硬かったのです。それから、ハートを開いて情報にアクセスしました。ところが、リウマチになった理由や原因は、特に見えなかったのです。その代わりに、「温度が足りない」と言われたように感じました。それは、彼女の声というより、情報が私のハートに落ちてきたような感覚でした。まるで、メールボックスのように、ポトンと落ちてきたのです。

「寒いですか？」と彼女に尋ねると、真夏でもとても寒いとの返事。夏だったセッション日にも、スカーフをグルグル巻いて、靴下を履いてきていました。

〝温度〟と思った途端、私の手から温かい熱のエネルギーが込み上げてきました。そして、彼女の身体に手をかざして、温度を足しました。すると彼女はそのまま倒れてしまいましたが、私の手は止まりません。

突然、彼女がわっと泣き出しましたが、それは座って泣いていたときの悲しみの涙ではなく、溜まっているものが吹き出ているような涙でした。

施術は約20分で終了。まだむくみは残っていましたが、身体が温かくなっていました。これで様子を見るようにと、そのまま帰しました。すると、その日の夜に彼女から連絡が来て、むくみも、ひどかった骨の痛みもすっきりなくなったとのことでした。たった1度のセッションで、リウマチが消えてなくなったのです。

Case 2

症状　アトピー
年代性別　30代女性
場所　イギリス・個人セッション

イギリス在住の日本人女性でしたが、アトピーを患っていました。家から出ることもできず、人の手を借りないと生きていけないほどでした。

セッションが始まると、彼女は寝たまま深い4次元へと旅立ちました。彼女の魂にアクセスすると、いきなり前世に飛びましたが、そこでは、重度の障がい者としての人生を送っていました。

寝たきりの障がい者としての映像が見えたとき、彼女の魂がこう話してくれました。

「人に面倒みてもらわないと生きていけない人生だったから、そうではない人生を生きたいと思った」。アトピーは、その名残だったようです。

それは理解できましたが、特に動きはなかったので、ただその情報を眺めていました。

彼女にそのことを伝えると、「そんな記憶はないけれど、なぜか泣けます」と号泣し始めました。

その夜にはアトピーが楽になったようですが、1週間後にまたひどくなり、再度セッションに来られました。

2回目のセッションでも、彼女は横になって4次元へと旅に出ました。今度は、私の手のひらにポンと肝臓が乗ったのです。しかも動いていない肝臓です。「血の流れが悪いな」と思った途端、今度は目の前に血の海が広がっていました。よく見ると、そこは戦場でした。ある人物が見えます。

横になったままの彼女に、「おじいさんは戦争に行ったことがある?」と尋ねると、「行っていた」とのこと。血の海に立つ人物は、彼女のおじいさんでした。私はただ「この人はおじいさんなんだぁ」と眺めて、次に何を見せてくれるのか待ちました。

そこでポトンと落ちてきたのが、「戦争というのは、女性性を抑圧して男性性だけでないと行けない。怖い、死にたくない、家族と一緒にいたいという想いが、すべて女性性の抑圧と繋がっている」という情報でした。それが、「家系のカルマ」となり、今の彼女にメッセージとして、アトピーという症状で表れていたのです。

それを彼女に伝えると、「実は私は、女性らしくすることができないんです」と返ってきました。常にスポーティーな服を着て、旦那さんにも甘えることができなかったらしいのです。

セッションはそれで終了しました。翌日から、彼女は丸3日間、眠り続けたそうです。その後、アトピーが消えました。

彼女のケースから、家系のカルマですら、ウソの自分をつくり出すということがわかりました。どこかの代で、家系が抱えてきたカルマやトラウマに気づくようになっているのです。それを、ただ気づいてあげれば十分。そうすると、彼女のように魂が目覚め、アトピーという症状でメッセージを発信する必要がなくなるのです。

Case 3

症状　仕事が見つからない・同棲中の彼とうまくいかない
年代性別　30代女性
場所　イギリス・個人セッション

元デザイナーというチェコ人の彼女は、1年半以上無職で、職を探しているものの決まらない、さらに同棲中の彼との関係をよくしたいとの理由から、セッションに来られました。

彼女の身体に触れると、ガチガチに固まっていたので、まずはハートをこじ開けたところ、彼女は床に倒れてゴロゴロと転がり始めました。

私の右手が彼女の足首に辿りつくと、何か気になったので足首を見てみると、なんと牢屋に入れられた人が繋がれているような、太い鎖が繋がっていたのです。

「普段から奴隷になったかのような気分を感じることはあるか」と尋ねると、彼女は「彼からいつも奴隷のような扱いを受けている」と即答しました。

彼との関係と、彼女の仕事が見つからない理由が繋がっているイメージが降りてきたので、彼女に質問しました。

「デザイナーといってもいろいろな仕事があるけれど、どんなふうに、どんなところで働きたいの？」

それに対して、「旅行の多い仕事が良い。旅の撮影など、とにかく同じ場所ではなくいろいろな場所に行ける仕事」と答えました。

その答えから、彼女の仕事が見つからない理由が理解できました。つまり、彼の奴隷である以上、自由には動けない。でもやりたい仕事は、自由に飛び回る仕事。彼女の潜在意識の中で、そこの葛藤が起きていたのです。結果として、仕事が見つからないという現実を引き寄せていました。

次に、彼女のお母さんが、お父さんから奴隷のような扱いを受けている映像が見えてきました。その映像は、彼女の4次元のフィールドにアクセスしたときから見えていましたが、ただずっと映像を眺めていると、彼女のフィールドから消えていきました。

その瞬間、彼女の表情が明るくなり、肩や胸のあたりがすっきり軽くなったとのこと。実際に、彼女の両親は、見えていた映像のような関係性だったようです。

後日彼女から、希望通り海外出張が多い仕事が決まったとの嬉しいメールが届きました。新しい仕事のことを彼に告げると、不機嫌になったようですが、彼の対応が気にならず、私は私、彼は彼なのだと、根拠のない自信が湧いてきて、冷静に対応できたようです。

彼女の場合も家系のカルマが原因でしたが、仕事や彼との関係にまで影響を及ぼしていました。しかし家系のパターンを解放することで、本当の自分に戻ることができたのです。

Case 4

症状　摂食障害
年代性別　20代女性
場所　日本・スカイプセッション

精神病院に入院していたけれど、薬も効かず、脱走してしまうという20歳になる女の子のお母さんからの依頼で、セッションはスタートしました。

彼女は175センチと長身なのですが、体重が35キロほど。スカイプの画面の前に一人座った彼女は、いろいろと自分の話をしてくれました。

友達は大学に進学するのに、自分には摂食障害があるから行けないこと。予備校にも行かなくちゃいけないのに行けないこと。なぜなら、太ってはいけないので、予備校の帰り道に友達と外食ができないから。ご飯は、カロリー計算をしてくれるお母さんのご飯しか食べられないこと。今、何か問題があるとすれば、お父さんとお母さんが離婚しそうなこと。

まずは、ハートを開いて彼女のフィールドにアクセスしようとしたのですが、1時間ただただ無言で彼女の前に座っているだけでした。彼女はというと、画面の向こうで倒れている。1時間が経過して、彼女に声を掛けると、「すごく気持ちよかったです。また来週もお願いします」と言うのです。

これでいいのかな？　という気もしたのですが、彼女のお母さんから毎週のようにセッション代が振り込まれていました。「効果がなければやめましょう」と言ったのですが、彼女は続けたかったようなので、同じようなセッションを続けました。

3回ほどセッションを続けた後、彼女から「アルバイトをしたいと思うようになった」と言われました。ちょうどそう思ったら、家にたまたま求人誌が置いてあって、しかもどこに応募したいかが、ページをめくる前にわかったと言うのです。セッションの翌日が面接ということでしたので、翌週のセッションのときに面接のことを尋ねると、「倍率が20倍だったんです。でも面接に行けて楽しかったから、受かってなくてもいいんです」との返事でした。

すると、そのセッション中に彼女の携帯電話が鳴り、なんと面接合格の報せが入りました。彼女もとても嬉しそうでしたが、何よりお母さんがとても喜んでいました。家から出るだけでも進歩なのに、アルバイトに行くなんて、到底考えられなかったからです。

この彼女には、特別にトラウマを癒すという必要はありませんでした。ではなぜ摂食障害を患ったのでしょうか。

もともと魂の感覚が強かった彼女には、「頭で考えて生きていかなきゃ」「みんなみたいに学校にちゃんと行って、大学に行って就職しなきゃ」というような、「思考をもたなきゃいけない」という〝思考〟が生まれていました。その思考と、もともと高い魂の感覚がケンカをしていたのです。

ハートが開いたり閉じたりを繰り返していて、魂からのメッセージも強かった。それにより、3次元と魂の感覚に大きなズレが生じて、結果として思考できない自分に落ち込んでいたのです。

体重はそこまで増えなくても、彼女の摂食障害はよくなりました。以前に抱えていた、「これなら食べてもいい、これは食べてはいけない」という思考がなくなったのです。その代わりに、「人生にコントロールは必要ない。何をやってもすべてが完璧なんだ。だから必要なものしか私の目の前には来ないんだ」という絶対的な自信を持つようになりました。

要は、魂の感覚を思い出した。それだけで、彼女は次元が上がりました。4次元空間に入って、自分で魂を奮い立たせたのです。私はただハートを開いて、彼女の魂のフィールドに一緒にいただけでした。

魂の感覚を思い出した彼女はその後、彼女に会いたいという友達や知り合いが後を断たなかったようです。ただ一緒にお茶をしているだけなのに、目の前で友達がポロポロ泣き出して、「あなたに会ったら泣きたい気分になったけど、すごくスッキリした」と言われることがよくあったそうです。本物のヒーラーですね。

また、彼女がたまに風景の写真を送ってくれたのですが、この世のものとは思えないほどキレイで愛に溢れていました。真っ赤な夕日や、龍が写っている空の写真などでしたが、彼女が完全に違う次元にいることが伝わる写真でした。

他にも、お財布を忘れて外出したときに、駅でバッタリ親戚に遭遇しておこずかいをもらったため電車に乗れたという話や、オーガニックのものしか食べたくないなと思うと、突然お母さんがオーガニックのものを買うようになったなど、些細なことも含め、周りも変わり始めたようです。魂を思い出したことで、すべては完璧なんだと感じられる現実を引き寄せるようになりました。

そして、心配事として挙げていた両親の離婚話も、なくなりました。

Case 5

症状　乳ガン
年代性別　30代女性
場所　イギリス・個人セッション

5年前にお兄さんが精神病が原因で自殺。3年前ご自身に乳ガンが見つかり、一部摘出手術を受けたものの、1年後に再発していたことで、すべてが嫌になりイギリスへ留学していた日本人の女性が、セッションに来られました。

彼女の身体は背中から腰にかけてガチガチに硬く、いざフィールドにアクセスすると、北極のように冷たくなっていました。私までガタガタと震え始めるほど。とにかく「彼女のフィールドをどうしたら温めることができる？　このままでは彼女の血液まで凍ってしまいそう」と尋ねると、彼女の魂がハッキリとこう答えたのです。

「気づいてくれてありがとう。私は今、人生をとても楽しんでいますよ。波瀾万丈ってスリル満点！　エゴのほうの彼女が、早くそれに気づいてくれるといいんだけど。私はそのためにいろんないたずらを彼女にするのよ」

すると突然フィールドが温かくなり、彼女はくすぐったいと笑い始めました。そして、私の腕が胸の前に突き出され、木の薪が20本ほど腕に乗りました。とにかく重たかったので、彼女の足下に置くと、薪に火がついて暖炉ができたのです。フィールドは真っ赤になりました。

次に、私の手のひらに水晶玉が乗り、老け込んで悲しみの渦の中に閉じ込められているような彼女のお母さんが映って見えました。

しばらくお母さんを眺めていたのですが、ドライアイスでも持っているかのように手のひらが冷たくなっていきました。とても耐えきれなかったので、彼女の足下にできた暖炉に水晶玉を放り込みました。

真っ白だった水晶玉がじわじわ溶けると同時に、お母さんの表情も若返り、どんな人生も乗り越えてみせるという強さが戻っていきました。

彼女にお母さんのことを伝えると、彼女は「全然悲しくないのに」と言いながら泣き出しました。お母さんが彼女の暖炉の中に入ることで癒され、結果彼女の癒しにも繋がったということは、家系のカルマが関係していたのかもしれませんが、詳細はわかりませんでした。そこまで知る必要はなかったようです。

セッションから数日後、病院で検査をしたところ、ガンではなく良性のしこりだったことが判明したとのことでした。

彼女の場合も、特別トラウマが見えたわけではありませんでした。私にも、何だかわからないセッションでしたが、魂はエゴに、魂の存在に気づいてほしくて、いろいろなことをしてくるのだということがわかりました。そして、魂はどんな人生も楽しんでいるということも。

私たちのエゴが魂の存在に気づいたとき、意識が魂にシフトし始めて、やがては魂からのメッセージである病気や心配も消えていくのです。

Case 6

症状　子宮ガン
年代性別　20代女性
場所　イギリス・個人セッション

2週間後に9センチの子宮ガンを摘出するというイギリス在住の中国人の女性が、友人の勧めでセッションにやって来ました。現れた彼女は、カラスのように全身真っ黒の装い。しかも人を威嚇するような雰囲気を纏い、「友達に言われたから来たけど、ヒーリングなんかでガンは治らないわよ」と、攻撃的な言葉遣いでした。

椅子にも真っすぐには座らず横を向いて座っていましたが、本当の彼女はどこにあるのだろうと、ハートを開いて情報を読み取りました。すると、鬼のようにものすごく怖い顔をした女性が見えたのです。彼女に、「お母さんとの関係はどうだった？」と尋ねると、それまで私を睨みつけていた彼女が、ワーッと泣き出しました。その怖い顔をした女性は継母で、継母から虐待を受けて育ったとのこと。なぜなら、3人兄弟の中で一番お父さんから可愛がられていた彼女に、継母が嫉妬をしていたためでした。

その記憶により、彼女には自己否定に繋がる思い込みがたくさん刻まれていました。自己否定こそがアイデンティティとなり、そのせいで自信もない。どうしたら、今の彼女が本当の魂ではないと気づくだろうと思っていると、「紙とペン」という情報が落ちてきました。そこで、彼女のぐちゃぐちゃになった4次元の情報を、ペンでなぞるように辿っていきました。それが、自動書記です（127ページを参照）。

ペンを握ると、手が止まりません。怒りが出てきて紙に穴が空くほど強く描いたりもするのですが、しばらく手が止まりませんでした。それはつまり、彼女の波動を辿っているのです。本当のその人ではない、思い込みやトラウマなどを全部辿っていくと、必ず魂に辿りつきます。辿りつくまで、手はずっと4次元に刻まれた情報をなぞるのです。

彼女の場合も、「○歳のときにお母さんにこう言われて、それでこんな思い込みができた」というような情報が読み取れました。手の動きが早すぎてすべてを読み取れない箇所もありましたが、すべてを読み解く必要はありません。波動で読み取れれば、それでいいのです。この情報を辿っていく作業は、私が読み取るのではなく、何者かが波動を辿っている感覚です。まるで、宇宙に波動の線を見せているかのようです。しばらくすると気が済んだかのように、魂に到達し、魂が震え始めました。同時に、ふと手の動きも止まったのです。

その日、彼女はボーッとしたまま帰宅しました。翌日、中国にいるお父さんから安否を尋ねる電話が掛かってきました。そんなことは、初めてだったそうです。そして、「自分から連絡するとお母さんが嫉妬するから連絡できなかった」と謝ってくれたとのこと。彼女にとっては、ミラクルな出来事でした。


手術までまだ時間があるからと、もう1度セッションに来てくれました。すると、また自動書記で、彼女の情報を辿り始めました。

今度は、お父さんとのことでした。「自分はお父さんから愛されていないのではないか。お父さんから愛されるにはこうすればいいんじゃないか」という思い込みを辿っていきました。そこには、お父さんと継母が出会ってから、自分がのけ者になったという悲しみも刻まれていました。

2回目のセッションを終えた数日後、摘出手術にあたって病院で検査があったのですが、なんとガンが良性になっていたのです。9センチあった腫瘍が、2センチになっていたとのこと。担当医が「僕の見間違いだった」と言うほど、良くなったのです。

その後、彼女は数回セッションに来てくれましたが、「本当の自分って、こういうことなんだ」と言ってくれるまで元気になりました。それまでは、どうしたらお父さんが笑ってくれるか、どうすれば継母に嫉妬されないで済むかが基準だったので、自分はどうありたいというのがなかったのです。だんだんと内側から「わたしはこうしたい」という想いが湧いてくるようになり、引き寄せで現実が変わっていきました。
セッションのたびに服装も変わり、可愛い笑顔を見せてくれるようになりました。半年後には、まるで別人のようでした。

これは、両親との関係で生じた思い込み・トラウマが、病気を作ったという例です。確かにそういう出来事は起きたけれど、それにより生まれた思い込みは、本当の自分ではない、魂はつらい経験ですら楽しんでいるんだ。そういう感覚を、思い出す。すると、病気である必要がなくなるので、彼女のように病気はキレイに消えていくのです。

自動書記により見えた、case 6 の女性のフィールドに刻まれた「情報」

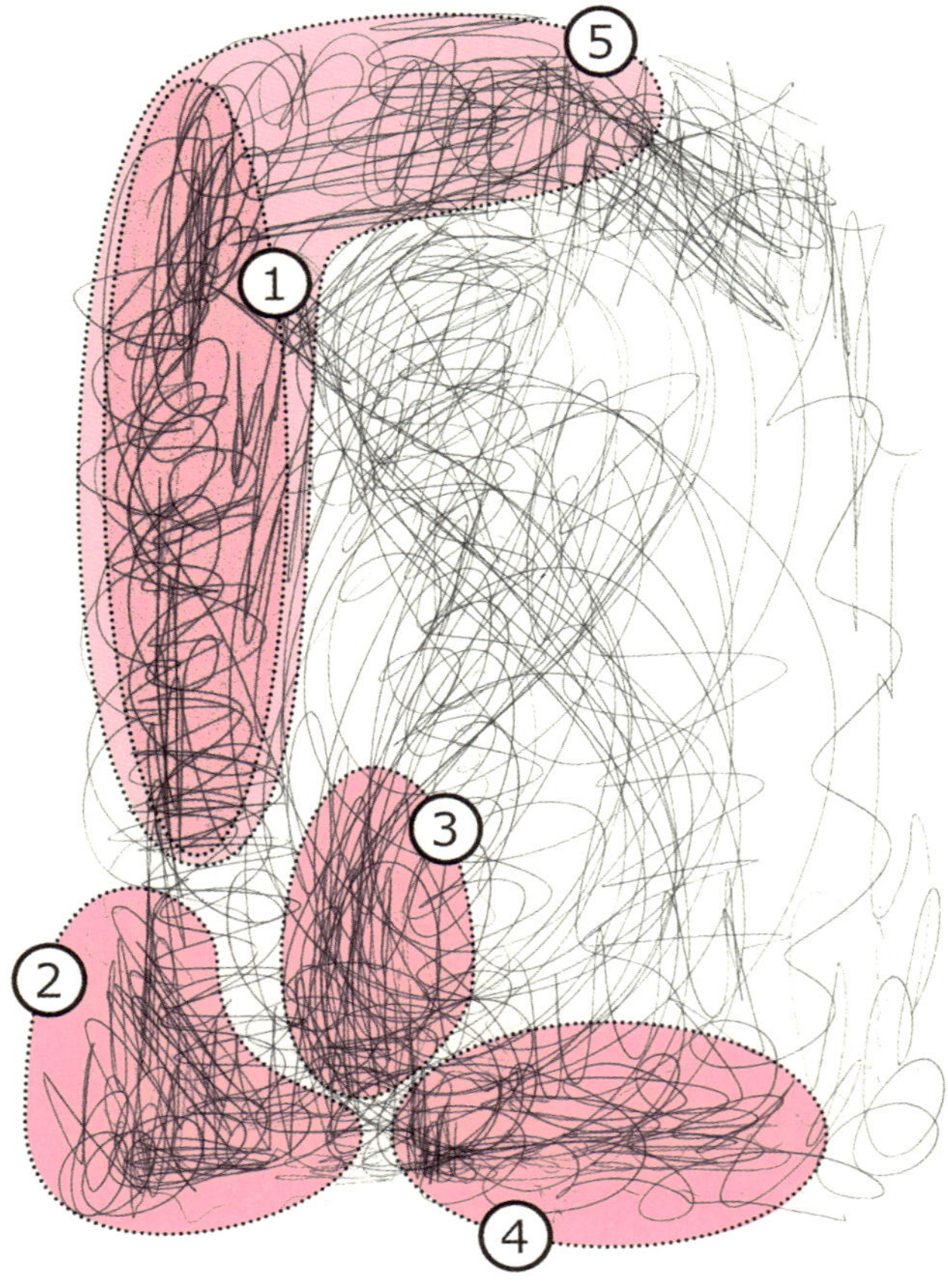
5
1
3
2
4

① 恐怖

② 継母が家にやって来たことで、「自分は必要ない存在なんだ」という思い込み

③ 継母から受けた暴力

④ 父親との関係性が薄れたことによる孤独感

⑤ 思い込みからくる、ネガティブな思考や自己否定

work one.

自動書記で４次元の情報を辿るワーク

４次元に刻まれている、トラウマやカルマ、思い込みなどの情報を、自動書記により読み取っていくワークです。

1 …… 紙とペンを用意します。

2 …… ハートを開いて準備します。

3 …… 今の自分の状態に意識を向けます。手が動き出すまで、ハートに意識を集中させましょう。たとえば、仕事、恋愛、健康など、カテゴリーごとに意識を向けてワークするのがオススメです。

4 …… 手が勝手に動き始めたら、動きが止まるまで続けます。

5 …… スッキリする瞬間がきた、または手の動きが止まったら終了です。

このワークは、大いなる存在により動かされているものです。自分のハートが開くと、魂が発動します。身体が揺れたり、笑ったり、涙が止まらないという人もいるかもしれません。それは、思考ではなく感覚にシフトしたことで起こる現象です。

人により、時間も枚数も異なります。2、3枚で終了する人もいれば、30枚くらい描き続ける人もいます。また、1時間以上かかる場合もあるかもしれません。

5のように、スッキリする瞬間が訪れたら、それは魂にアクセスした証拠です。思考から外れて、魂にシフトしたのです。

いずれにせよ、魂がない人は一人もいません。必ず、魂に辿りつくことができます。自分のフィールドにアクセスしたことで、魂が発動し、これだけで現実が変わる人もいます。魂に戻る感覚を、どうぞ楽しんでみてください。

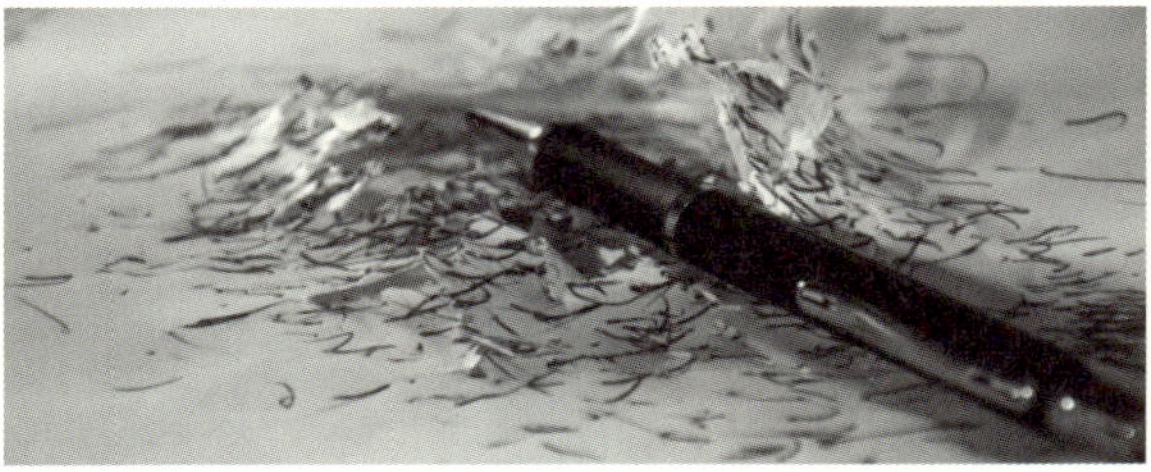

8章

龍の願いをたずさえて

龍の国へ

現在、私は『スピリチュアル・アナトミー®』のワークの他に、龍のアチューメントも行っています。それはいわば、龍使いとして、龍と人を繋げる役です。

私が暮らすイギリスでは、龍に関しては賛否両論分かれます。一般的には、悪魔の使い手として認識されているようです。反対に、日本人は龍を大好きな人が多いですね。龍のセミナーは、私も毎回驚くのですが、すぐに席が埋まってしまうほど大人気です。

私が初めて龍と出会ったのは、前述しましたが子どもの頃でした。魔女が連れてきてくれたのです。呼ぶと遊びに来てくれる龍と、しばらく一緒に過ごしていましたが、小学5年生のときに、魔女とも龍ともみずからサヨナラしました。その後は、特に龍との交流はありませんでした。というより、龍と一緒にいたことなど、スピリチュアルワークをするようになってからも、すっかり忘れていたのです。

2年ほど前、日本へ帰国したとき、瞑想を主なワークとしている人に出会いました。その人から、「とりあえず瞑想をするように」と言われ、瞑想会に参加しました。いざ瞑想を始めると、倒れたまま戻れなくなってしまったのです。

そのとき私は、なんと龍の国に行っていました。なんだかとても楽しくて、「ここに住む！」と言って、3次元の世界に帰る気がなくなってしまったのです。

当然、周りの人たちは大騒ぎ。そのこともわかっていましたが、帰りたくなかったのです。とはいえ、それではみんなを困らせてしまうので、しぶしぶ3次元に戻りました。

ただ、戻るときに2匹の龍を連れて帰ってきました。その龍こそ、私が小さいときに魔女からもらった龍でした。龍は、自分たちの国で私が来るのを待っていてくれたのです。

龍使いへの道

龍を連れてイギリスに戻ると、その頃から「自分は龍なんです」「私、龍を産むんです」と言う不思議な人と立て続けに会うようになりました。龍を産むという人は、セッションに来てくれた人でしたが、これまでに何匹も産んで、龍の国に返してきたとのこと。

３次元の世界に用事があるときには、産んだ龍たちが来るとのことでした。

極めつけは、エジプト旅行に誘ってくれた、とある女性との出会いでした。ちょうど私も動けたので、その女性と一緒にエジプトのアレクサンドリアに到着すると、彼女にこう言われました。

「実はあなたに仕事があるのよ。龍使いにならない？」


そのエジプト滞在中は、いろいろな場所に連れていかれ、いろいろな儀式のようなことを受けました。だんだんと熱が出てきて、風邪をひいたときみたいに身体の節々が痛かったのを覚えています。

私に依頼された仕事は、龍と人間を繋げて、人間を目覚めさせるワークをすることでした。そして、いざ龍使いとしてワークをしようとすると、本当に龍が私のもとに来るようになったのです。

でも最初は、「できないからやりたくない」と、龍使いになることを拒否していました。すると今度は日本でのツアーに送り込まれました。広島や出雲など、組まれる日程どおりに現地に行くと、お世話をしてくれる人たちが用意されていました。そこから、龍と人間を繋げるワークが始まりました。

ある霊能者には、「あなたの龍が、その女性に降りてきたのよ」と言われました。つまり、龍は私にワークをしてほしくて、いろいろな人に降りてメッセージを伝えようとしていたのです。最終的には、どんどんとサイキックになっていた私のパートナーに降りてきました。寝ようとすると話しかけられていたようで、彼は全然眠れなくなってしまったのです。そこでやっと私は、龍使いになることを決めました。

これは余談ですが、ポーランド人のパートナーの名字は「SMOCZYK（スモチックク）」というのですが、「龍」という意味なのです。さらに、私の父親の名前は「龍治」。どうやら縁があったようですね。

エジプト・アレキサンドリアの街並み。治安の良くない街で、崩れた建物や廃墟もそのまま残っている場所が多い

錬金術師のアジトと呼ばれた建物。取り壊しになる２ヵ月前に訪れた

封印された光があった場所である、旧アレキサンドリア図書館

魂が震える、龍のアチューメント

先日、日本で龍のセミナーを開催したときのことです。控え室での待機中、この日はどんなセミナーをやるのか私にもわかっていなかったので、龍に「何をすればいいの？」と尋ねました。

すると、「みんなの願い事を叶えるよ。そうすれば、みんな龍が本当にいる存在なんだと信じてくれるから」と言うのです。

さらに、「わかってもらうために、みんなに触れていくよ。ただこの次元にはあまり長くいられないから、今日一日だけだよ」とも。

そうしてスタートしたセミナーのステージに立った私は、素直に参加者にこう言いました。

「実は今日、何をすればいいのかわからないのです。ただ〝願い事を叶えるよ〟と、龍に言われました」

それだけなのに、すでに10人くらいの参加者が泣き出しました。その後も、いつものようにデモンストレーションをしたのですが、泣く人続出。または、身体がウネウネと動き出したり、龍の後ろを付いて歩き出す人もいたり……。

龍の予告どおり、参加者の間を龍が行ったり来たりして身体に触れていくと、これもまた泣き出す人が多かったのです。

なぜそこまで泣き出す人が多いのでしょうか。

それは、龍を懐かしく思い、魂が震えているからです。

龍はとても高い波動です。わざわざ波動を下げて、この次元に来てくれているのですが、なぜ波動を下げてまで来ていると思いますか？　なぜなら、龍は私たち人間に、高い次元にいた自分を思い出してほしいからです。

龍と一緒に存在していたことのある人もいます。特に日本人の魂には、龍の存在が刻まれています。一緒にいた時代を思い出す、つまりは、高次元の自分を思い出すということです。龍はただ人間と触れ合いながら、まるで子どものように遊んでいるだけですが、多くの人は魂レベルで反応しているのですね。

アチューメントするときは、龍の国にアクセスします。すると、アチューメントする人の目覚めに必要な龍が降りてきてくれるのですが、始めはまだ透明でエネルギー体の状態です。龍たちは次元が高いので、肉体を持っていないのですね。そこから人と繋げると、突然ウロコと顔をシュッと出して、私たちに馴染みのある、いわゆる龍のキャラクターになるのです。

実際のアチューメントでは、龍とその人を繋げることで、魂同士が繋がってかなり一体化します。少し儀式のようでもありますね。アチューメントにより、魂が覚醒して次元が上がり、本当のありのままの自分を思い出すことができます。また、龍の出す波動が、私たちの手から出るようになります。その波動には痛みを消せるなどのヒーリング能力があるので、アチューメントした人にはぜひ使うように薦めています。一度、龍とハートで繋がった感覚を覚えれば、いつでも繰り返し使うことができます。龍のほうから、簡単にその波動を出してくれるのです。

龍の願いとは？

日本には、至るところに龍がいます。特に、龍が棲んでいる神社は多いですね。先日滞在していた東京・品川の近くに小さな神社があったのですが、ものすごく怒った龍がいました。あまりにも怒っていたので、しばらく近づくことができなかったのですが、どうやらお仕置きのように閉じ込められていたようです。そこで解放してあげると、その場から離れました。ただ、必要なときにはまた戻ってきて、人間の造った龍の像に入るのだそうです。龍にもお仕置きがあるなんて面白いですよね。

龍は私たちの目覚めのために、波動を下げてまでこの次元に来てくれています。空を舞って、私たちに気づいてほしい、思い出してほしいという存在アピールもします。そんな龍たちの願いとは、何なのでしょうか。

龍のセミナーのときに、「私たちにどうしてほしいの？」と尋ねたことがあります。龍の答えはこうでした。

「人間に豊かになってほしい」

龍が言うには、人間はとにかく貧しい。お金のためにハートを閉じてしまう。頭で考えなくても、お金は流れている。お金の流れが健全ではないため、3次元はゴタゴタしているらしいのです。要するに、本当に豊かな世界にシフトさせることが、龍の究極の目的のようですね（詳しくはこの後の「龍からのメッセージ」にて述べています）。

以前、龍は宇宙人の飼い犬だったと教えられたことがありました。今でも、龍って何なのだろうと思います。私たち人間一人ひとりの中に、龍の要素がありますが、アチューメントしていると、「あ、この人、龍になった」とわかる瞬間があるのです。目覚めると私たちはみな、龍になるのではないかなとも思っています。

龍である私たちは、みなさんを豊かだった次元まで引き上げたいと思っています。

けれどその「豊かさ」とは、単にお金がざくざく入ってくるよう龍が手伝って、楽々儲けさせてくれるということとは少し違っています。


みなさんはハートを開き、魂の感覚に従って人生を進めていくと、自然と豊かな次元へと上昇していきます。

しかし重要なのは、豊かな次元へ向かうことではありません。

魂はそこに向かう過程での経験を楽しんでいるのです。

魂にとっては、この世で人生がうまくいくかとか、お金が儲かるか、貧乏になるかなどは特に重要ではありません。


人生がどんな方向に向かうときでも、そこに付きまとう感情や人との出会い、単なる経験を、ただひたすら楽しんでいるのです。

その経験をするために、肉体を持ちこの世に生まれてきたのです。

このことを真に納得するということが、魂に目覚めるということです。

そしてその感覚に目覚め始めると、お金がそれほど重要ではなく、お金のことを考える時間がうんと減っていることでしょう。

お金とは水のように流れているものであり、一時として自分のものであることはありません。

その感覚こそが、本当の豊かさです。

ただ、3次元の忙しい生活の中ではお金が自分のもの、または他人のものというふうに、境目があるように錯覚を起こしてしまうものなのです。

しかし魂の感覚に添えるようになると、自然と次元は上昇し、魂の経験に必要であればお金が巡ってくる、そしてそうでなければお金が流れてこない。ただそれだけのことなんだ……ということが、ココロから理解できるようになっているのです。

なぜ龍である私たちがみなさんをそこへお連れしたいか？

それは、人と人の争いを終了してもらうためです。

争いの裏側には必ずお金というものが絡んでいます。

人と人が争うのは自由です。

ですが、争いにより地球が破壊されるのは我慢がなりません。

地球は私たちの大切な存在であり、宇宙の一部です。


龍の私たちが感じていること、それは人々が魂に目覚め始めると、次元が自然と上昇していくということ。

すると必ず、その一人ひとりの内側から変化が起こるということ。


みなさんが魂に目覚め始めると、これまでのように自分にウソをつくことができなくなります。

嫌なことはとっても嫌になり、逆にやりたいことはどんなリスクを追ってでもやりたいというように、まるで子どものようになっていきます。


それというのは、実は内側から湧き上がる愛なのです。

魂の感覚なのです。

魂で生きるということは、愛をこの世に広げているということなのです。

愛がこの世に広がるとき、お金も愛で流れるのです。

そしてそのことを、誰よりもココロから体感できるようになっているのです。

それが魂に目覚め、魂で生きるということ。

豊かな次元へ上昇し始めているということなのです。

みなさんのココロが豊かになるためには、外側に向けて何かをするのではなく、内側の感覚を開くことです。

実はお金に関しても、まったく同じことがいえるのです。みなさんは内側の感覚に従って生き始めると、必然的に経済的にも豊かになります。

自分の波動が愛で充満すれば、生活が豊かになり始めます。

その豊かさとはこれまで思考で夢描いていた豊かさとは違っているかもしれませんが、必ず豊かになります。

そのときは、本人が一番よく体感できているはずです。

「私は人が何と言おうと、これがいいんだ」と。

魂のキャラクターに合った豊かさ、生活スタイルにシフトしていきます。


これは思考で理解をすることではありません。

ハートを開いて、魂を奮い立たせることで感じることができるのです。

愛を思い出し、この世で愛を持って生きることができるようになることが、魂の究極の願いなのです。


私たちは昔々、この愛の次元に一緒に存在しました。

今また再会し、一緒に人生を生きる時間がやってきました。


私たちはいつもあなたと一緒にいるのです。

みなさんが私たちのことを、そしてみなさん自身もこの次元に存在したことを、思い出してくれる日を楽しみにしているのです。待っています。

いつも応援しています。
みなさんが思う存分この世での経験を楽しめるように。
内側から湧き上がる真の愛を思い出せるように。

work two.

ミニUFOで欲しいものを手に入れるワーク

私自身の体験から、降りてきたワークです。これにより、魂が本当に望んでいるものを、手に入れることができます。

1 ...... 手のひらに、ミニ UFO を乗せるイメージをします。

2 ...... 手のひらに欲しいもの・人・夢などを乗せ、ミニ UFO の中に入れます。

3 ...... UFO が手から離れて上に飛んでいくのが感じられたら、終了です。

私が今のスピリチュアルワークを仕事とする前、パートナーも仕事がなくなり経済的に苦しかった時期がありました。そんなとき、子どももいるので、車があると生活に便利だなと思ったのです。でも、ロンドンは物価が高く、車は夢のまた夢だなと思っていました。

そのとき、私の手のひらに小さなＵＦＯが落ちてきたのです。すると、「手のひらに車を乗せてみなさい」と言われた気がしたので、黒い車を乗せてみました。次の瞬間、手が重くなり、ブンと下に下がりました。そうしたら、そのＵＦＯが上へ飛んでいったのです。

その翌週、義兄から「新しい車を買う予定だから、今乗っている車をもらってくれるとありがたい」という連絡をもらったのです。その車はネイビーでしたが、太陽に当たると黒に見えました。まさに、手のひらに乗せた車とそっくりだったのです。

このワークでは、魂が望んでいるもの、または魂が体験したいと思っているものは簡単に手のひらに乗ります。逆に、魂が望んでいない、つまり思考で望むものは乗りません。そのため、自分がウソをついているかが一目瞭然です。

欲しいものを乗せたＵＦＯが上に飛んでいく。それは宇宙に情報を持っていっているのでしょう。このとき、龍が一緒に手のひらに乗っていることもありました。願いを届けてくれているのかもしれませんね。

簡単なワークですが、身体が揺れたり、そのまま倒れてしまう人もいます。そのくらいパワフルで、本当の自分、魂の自分にシフトするのが早くなるワークでもあります。自分の欲しているものが、魂が欲しているものなのか、それとも思考からなのか、一種のバロメーターにするのもいいかもしれませんね。

9章

高次元の自分を思い出すために

地球人ではない存在からの忠告

時々、セミナー中であろうと、セッション中であろうと、家族団らんの最中であろうと、特定の地球人ではない存在（まだ子どものようです）に身体を乗っ取られることがあります。とはいえ、私としての意識はしっかりあるので、単に私の身体を使って、何かを伝えようとしているだけなのですが。

先日、自宅で、イギリスのヨークという街にある地上絵の特集をしたＴＶ番組を観ていたとき、いつもの〝存在〟が降りてきて、ＴＶの画面にへばりつくようにして観始めました。どうやら、画面に入りたかったようなのです。それが無理だとわかると、隣にいたパートナーに「ここの場所を検索しろ」と言うのです。この〝存在〟は人間の言語を話せないので、言葉にはなっていないのですが。

パートナーはこの〝存在〟に慣れているので調べてくれたのですが、彼は「僕をここに連れていって」と言っていました。でも、夏に草が伸びたときにだけ、上から見ると絵になって見えるという場所でしたので、「今行っても見られないよ」と言うと、文字どおりガックリと肩を落としていました。なんだかすごく可愛らしい存在なのですが、この地上絵は自分が描いたと言っていました。UFOに乗ってレーザーで描いたらしいのです。ただ意味はなく、遊びだったようです。

この〝存在〟がどんな存在なのか、どこから来たのかという情報はまったくわかりません。人間の言語はとても難しいみたいですね。やっと言えた言葉が、「サナトクマラ」でした。最後の「ラ」の発音が、「ラ」と「マ」の中間で、音ではない音でしたが。どうも、この存在のお父さん的な存在が、サナトクマラらしいです。

この宇宙人に思える存在はずっと私の中にいてチャネリングとして情報をくれていたようですが、今は私の身体を使って外に出てくるようになりました。セミナー中に、私の生徒のうちの2人に同時に降りてくることもありました。同じ存在か、もしくはかなり近い存在です。そうして、3人で頭と頭をくっつけて、言葉を移動させるような感覚で話をするのです。だんだんと、彼らが何を言っているのか私にもわかるようになりました。

そのようにして、最初に生徒たちにも降りてきたとき、何か伝えたいことがあるようでした。私に何かを言いたい様子。それが、『『スピリチュアル・アナトミー®』を適当に扱うな」ということでした。

それまで私は『スピリチュアル・アナトミー®』のセミナーで、「誰でもとっても簡単に使える魔法ですよ」とお伝えしてきました。思考を使わないでいられる人にはとっても簡単です。

しかし宇宙人と思える彼が私に、「『スピリチュアル・アナトミー®』は人間を目覚めさせる〝宇宙テクノロジー〟なのだ。人間に使わせる場合は、人間のエゴがこれを歪ませてしまうことを知っておきなさい。みなが思考なしに、簡単に宇宙の媒体となれるわけではないのだ」ということを私に伝えてきました。

さらに、「あなたの元に訪れる賢い人間にこれを教えなさい。その判断はあなたに任せます」とも伝えてきました。

私は昔から一匹オオカミ的なところがあり、先生になったり指導したり人を見張るなどという行為が非常に嫌いでした。ですから、このメッセージをなかなか受け入れることができませんでしたが、私がこのメッセージを聞き入れないでいると、突然息苦しくなり、数日寝込んでしまったり、友人の霊能者のところに、同じメッセージが降りてきて、彼女まで高熱を出してしまうということが起きました。

これは偶然ではないという気になったので、私は腹をくくり、『スピリチュアル・アナトミー®プラクティショナーコース』を設け、セミナーでこのワークをみなさんにご紹介するのとは別に、このワークを上手に使える人を育てることにしたのです。

この宇宙人と思える彼は、メッセージを伝えてくるときはとても威厳があり、偉大な存在であることを感じさせます。

この世で人々を癒す人になること

宇宙人と思える存在に指摘されて始めた『スピリチュアル・アナトミー®』のプラクティショナーコースですが、現在は約25名の日本人女性がトレーニングを積んでいます。

このコースでは、いわゆるマニュアルなどはありません。プラクティショナー自身の波動を上げて、魂を思い出させることが一番の目的です。魂に気づくと、そこで人生完了！とはいかず、私たちには続きがあります。それが、気づいていない人に気づかせるという役割です。だからといって、すべての魂がスピリチュアルワーカーを職業にするということではありません。とにかく、ハートが開いたまま、魂のままで存在していればいいのです。それだけで、周りの人のハートが反応するからです。

ですから、まずはプラクティショナーの波動を上げて、目覚めさせることが必須です。プラクティショナーが目覚める瞬間は、かなりぶっ飛んでいますね。過呼吸のようになる人もいます。目覚める瞬間、私の発する声も変わります。私じゃない人が話し出すのですが、その言葉によって瞬間的に覚醒するのです。それが、本物の錬金術師や陰陽師のときもあります。

面白いことに、このプラクティショナーコースは、イギリスでしか開催できないのです。ですから、受講されるみなさんには、イギリスまで来ていただいています。

日本はとてもスピリチュアルな国ですから、日本自体の波動がとても強いですよね。日本の神様の波動も強い。一方、イギリスの波動は〝無〟です。あまり色がなくて、シーンとしていて静かです。なので、国が持つ波動に邪魔されることがありません。

プラクティショナーコースの受講生には、イギリスに渡った時点で、覚醒が起きています。覚悟ができるようですね。ある意味、むき出しになるようです。「あなたって、本当は何？」と。

日本では、日本があって、日本人としての生活があって、自分がいますよね。でもロンドンは、生粋のイギリス人はとても少なく、世界中から人が集まってできた街。国が持つ波動が少ない分、丸裸にされてしまう。しっかりと魂を自覚していないと、消えてしまいそうになるのです。

私自身、それが好きでロンドンに住んでいます。ありのままの自分をずっと持っていないと消えてしまいそうになる。思考の自分ではなく、魂の感覚の自分。だからこそ、好きなことしかできないのでしょうね。

プラクティショナーコースの具体的な内容としては、全員に「ケーススタディ50時間」という課題を出しています。日本ではヒーリングと心理学が切り離されていて、スピリチュアルワーカーといえど内側でシフトが起きていなくて、まだ意識がエゴの状態でいる人がたくさんいます。すると、セッションをするたび、気づかぬうちに自分のエゴをクライアントに投影してしまうのです。ですから私は、自分のエゴの鏡となるクライアントが来るセッションをたくさん課しています。そうすることで、自分のエゴが持つ傷の癒しとなるからです。
また、私との個人セッションも行います。かかる時間は人それぞれです。10時間かかる人もいれば、もっと必要な人もいる。要は、その人の魂とエゴのシフトの時間です。

自分にはもともと声が聞こえる、高次元と繋がれる、特別な存在なんだ、だからスピリチュアルワーカーか何かの役割がある。

この世界には、そういう人が割と多くいます。もし本当にその人の役割だとしたら、楽しくてすでにやっているはずです。そうでないとしたら、それは、役割があると思い込むことで、他の思い込みから逃げているのです。確かに、どこかと繋がってチャネリングできてしまう人もいますが、本人が楽しそうではない。「これは役割だから」と。でもそういう人のハートを開いてフィールドにアクセスすると、お母さんが妹ばかりを可愛がっていたから、本当は注目されて愛されたかったというような単純なトラウマが出てきます。混乱しているだけであって、思い込みに絡まっていない魂に到達することで、とても楽になれるはずです。

プラクティショナーコースでも、スキルを学ぶことよりも、スピリチュアルワーカーとなる本人が思考から外れ、魂の感覚によりアクセスすることを大切にしています。現在よく開催されている認定コースでは、学びの時間数をこなせば資格がもらえますが、私はそうではなく、スピリチュアルワーカーとなる本人のココロの豊かさを一番大切にしています。

その差は、人間へのワークができるかどうかの違いに出ます。いくらサイキックや龍に目覚めても、結局は対人間へのワークですから。スピリチュアルワーカーとなる側が癒されていないココロの目でクライアントを見てしまうと、スピリチュアルワーカーになってからクライアントのエゴや傷ついたココロを見落としてしまうか、もしくはそこに自分の傷を投影してしまいます。それは、宇宙人からも強く指摘されたことでした。そのために、ちゃんとしたベースが必要なのです。

常にハートを開いておくために

プラクティショナーのトレーニングやセミナー、セッションなどを日々こなしていますが、私自身が常に意識をしていること、それは、思考に騙されないように、いつも感覚に耳を傾けることです。

そうは言っても、簡単なことではありません。私たちは、思考を信じるほうが簡単なのですから。思考には、信憑性があるし、真実味もある。なにせ、騙すのが上手なのです。ですから、感覚を、ハートを信じるように常に意識しています。ひどいときは、ハートの声を聞くために3日くらいかかるときも。実はそれって、子どものときには自然とできていた感覚なのです。そのため、〝思い出す〟ことを意識しています。

さらに、ハートを開いて、思考を黙らせるためにしていることとして、身体を動かすように心がけています。じっとしていると、思考に乗っ取られてしまうのです。ハートと身体は繋がっていますから、自分に戻るために、たった5分間だけでも外を歩いたり、ヨガに行ったり、プールで泳いだりと、身体から目覚めさせます。

思考が迫ってきた！　と感じるときは、散歩に出ます。またはすごく簡単な方法として、頭を降って、振るい落とすようなイメージでも十分。そのくらい、思考は洗脳の力が強いのです。

とはいえ、思考が湧いてくるのには理由があります。その理由を、情報から読み取ってあげるほうが簡単だったりもします。

湧いてくる思考にすら、意味がある。思考に乗っ取られて魂じゃない感覚で物事が進んだとしても、それには意味があるのです。

魂とは結局、感覚です。心臓がドキドキするのと同じくらい、単なる感覚。

魂で生きるようになると、思考は消えます。ただ、感覚を実現させるために必要な思考は湧いてくるようになります。だから、目覚める前とは逆になるということですね。そうなると、ありのままの自分、ただの感覚である魂として、人生を歩んでいけるようになるのです。

私が地球上のみなさんに願うこと、それはみなさん一人ひとりが、女性性という温かく母のような愛というエネルギーの抑圧から、解放されることなのです。

人々がエゴという悪夢から目覚めることはもちろんですが、今、男性も女性も、女性性というエネルギーが、みなさんの内側で抑圧されてしまっています。

それがゆえ、地球上のエネルギーも男性性が強すぎてバランスを崩しています。

このバランスを調和させるには、みなさん一人ひとりが、抑圧されている女性性を内側から解放してゆくことなのです。

そうすることで、やがて平和、信頼のエネルギーも広がり、魂が存分に遊べる世界ができてくるでしょう。

地球のエネルギーバランスの調和が、宇宙の銀河すべての調和と関係しています。

忘れないでください。みなさんも宇宙の一部であり、そこには仲間が存在することを。

VOICE ～スピリチュアルワークを受けた感想～

◉個人セッションを3回受けました。　Hさん

1回目のセッションが終わった後、身体の力がこれまでにないくらい緩んで、歩くこともできず、その日はゆっくり過ごしました。

2回目のセッションを受けるまでに2週間あったのですが、その期間に不思議なことが次々と起こり始めました。

まるで、自分がマグネットにでもなったかのように、思ったことが次の瞬間現実になるのです。とても不思議な体験でした。

2回目のセッションで、お母さんのお腹の中にいたときのことを思い出しました。とても温かくて、愛されていました。

セッションで、なぜお腹の中の記憶を思い出したのかわかりませんでしたが、気がついたら私は泣いていました。

悲しいわけではないのに、涙が勝手に溢れ、まともに話すこともできないくらいでした。

自分がこんなにたくさんの悲しみを持っていたことに驚きました。

セッションが終わった後は疲れきって、夕方5時から朝までぐっすり眠ってしまいました。

このセッションが終わった後から、「顔の表情が明るくなったね」「なんだか可愛くなったね」「良いことがあったの？」などと人から言われる機会がとても多くなりました。

それから普通に道を歩きながらでも、突然スキップしたくなるような明るくワクワクする気持ちに包まれる瞬間が訪れるようになりました。

3回目のセッションでは、始まってすぐに、セッションルームのソファに倒れ込んだまま、気持ちが良くて起き上がることができませんでした。

気がついたらセッション時間があっと言う間に過ぎていました。ゆっくり身体を起こしてもらい、帰りました。

帰り道、私はこれまで味わったことがないほどの幸せな気持ちを味わい、生きているってありがたいなという気持ちが込み上げてきました。

同時にお父さんやお母さんの顔が浮かんで、感謝の気持ちでいっぱいになりました。この幸せな気持ちは今もずっと続いています。

◉セミナーに参加しました。　Mさん

セミナーの後、どうやって家に辿りついたのか記憶がありません。帰りの電車を2回も乗り間違えました。

これまで私はしっかりとした優等生タイプで、間違いをするなんてあり得ないことでした。仕事も完璧でした。でもいつも怖い顔をしていましたし、自分の子どもが間違いをすることがとても許せませんでした。

そんな私ですから、電車の乗り間違えなど、許しがたい出来事でした。

でも電車を乗り間違えたとき、私は大笑いしました。

別に大したことではなかった。間違える自分も間違えない自分も、どちらも自分であって、そんなのはどうでもよいことだったのだと気づかされたのです。突然ココロがパーッと広がったような感覚を味わいました。

それ以来私は、間違えることにとらわれなくなり、その代わりに素直にありのままの自分でいられる時間がこれまでより長くなりました。

そして、子どものことを怒鳴ったりすることもほとんどなくなりました。

◉3日間のセミナーに参加しました。　Iさん

私はMOMOYOさんが話していることも理解できないし、みんなが床にパタパタ倒れたり、大声で笑ったりしているのを見て、すごく腹が立ちました。せっかく来たのに、何の体感もないし、わからなかったからです。

2日目はセミナーに行くことをやめようかと思いましたが、せっかくお金を払ったので、嫌々会場に向かいました。

またみんなが、次々に床に倒れ始めました。

ですが、この日は何かが違っていました。1日目ほど「わかりたい」という気持ちが湧いて来なくなっていました。私は「わかろう」とすることを諦めて、みんなをぼーっと眺めていました。するとMOMOYOさんが私のそばに寄って来てくれて「大丈夫ですか?」と声を掛けてくださったので、私は自分の気持ちを話しました。

「セミナー、全然面白くありません。だって私まったく何も感じないし、理解もできませんから」

するとMOMOYOさんが私の背中にスッと手をあてて、私に聞いてくれました。「今

日なぜここに来たのですか?」

私は、「自分のことがよくわからないのです。何が好きだとか、何をしていると楽しいとか。とにかくみんなみたいに幸せになりたいです!」と、ちょっと怒った口調で答えました。

背中にあったMOMOYOさんの手が、すっと私の頭に移動しました。

「はい、力抜いてね」というMOMOYOさんの声が聞こえたか聞こえないかのうちに、私の全身の力が抜け、ものすごい勢いで床に倒れました。

誰かが後ろでしっかり受け止めてくれたみたいで、頭をぶつけることもありませんでした。

次の瞬間、私は大声で泣きました。部屋中に響き渡っていたと思います。

でもそのときは、恥ずかしいとか、みんなに見られているという気持ちが湧き上がってきても、それをかき消すかのように、とにかく泣きたい気持ちが押し寄せて来て、私は号泣しました。

すると突然、「あれ、私なぜ泣いているのだろう?」とふと我に返りました。目を開けると、みんなが不思議そうに私を覗き込んでいました。

恥ずかしくなって突然ぱっと立ち上がったのですが、MOMOYOさんが何もなかったかのように「おかえり〜」と言ってくれました。

確かに泣いていたときの私はどこか違う場所に行っていたような感覚がありました。フィールドに入るってこういうことなのだなとわかりました。とっても不思議な体験でした。

最終日のセミナーは椅子に座っているだけで、身体がグルグル回転し始め、意識があるのにぼーっとしてくるような感じがあり、すぐにフィールドに入っていくのがわかりました。

その日も泣いたり笑ったりしながら過ごしました。

あのセミナー以来、肩に力を入れて生きることがなくなりました。

泣きたいときには泣いて、笑いたいときには笑えるようになったのです。

他の人にとっては何でもないことかもしれませんが、私にはとてもすごい変化です。

◉アチューメントセッションを受けました。　Aさん

始まっていきなり身体が燃えるように熱くなって、そのまま床に倒れ込みました。今度は右手がぐるぐる勝手に回転し始めました。

終わったかと思うと、今度は身体が勝手に回転し始めました。

みんなの笑い声が聞こえるけれど、身体の回転を止めることができませんでした。

「アチューメントはこれで終わりです」と言われて、何のことだかさっぱりわからないまま、狐につままれたような気持ちになりながら帰りました。

ですが次の日、目が覚めるとまた手が勝手に回転し始めました。

会社に行かなければいけないので、無理矢理手の動きを止めて起き上がりました。すると頭がガンガンと痛くなってきて、せっかく起き上がったのにまたベッドに倒れてしまったのです。

しばらく手の回転が止まらず、私は会社に遅刻しました。

でも不思議と上司に怒られることもなく、むしろいつもより会社の雰囲気が明るい感じがしました。

それからも身体が勝手に動き始めるということが数日続きました。

気がつくと、私はすごくよく笑うようになっていました。

そして職場のみんなのことがこれまでより大好きになりました。また、職場のみんなからもなぜか愛されるようになりました。

人生を引き寄せているのは私だったのですね。とっても驚きました。

◉龍のセミナーに参加しました。　Sさん

なんだか懐かしくて、その場所にいるだけで涙が溢れてきました。

次の瞬間、私の身体の中を龍が通り抜けた気がしました。でもきっと気のせいか私の勘違いだろうと思っていたのですが、突然MOMOYOさんが「龍はみなさんの身体を通り抜けたりしますよ」と言いました。

私の気のせいではなかったことに、嬉しくなりました。

すると龍も喜んでいるかのように、何度も私の身体を通り抜けるようになりました。すごく不思議な体験でした。

セミナーの後も、すごく困ったことがあったり、悩んでいたりしていると、スルスルッと私の身体を龍が通り抜けるようになりました。

しかもそれだけではなくて、なんだか「大丈夫だよ」と言われているような気持ちになり、そして次の瞬間には悩んでいた自分が消えていました。

龍って、本当に存在するのですね。

おわりに

みなさま、本書を最後までお読みいただき、本当にありがとうございます。

私は小さい頃から、自分が考えるこの〝考え〟が嫌いでした。

つまりそれは思考のことなのですが、どこからともなく湧き上がる私の思考はいつもマイナスでネガティブでした。

私はいつからか、人生がうまくいかないのはこの自分の思考のせいだと思うようになりました。

どこからともなく湧き上がってくる思考と、その思考によって一緒に湧いてくる恐れや不安は私をコントロールしました。私はそのままどんどんネガティブになり、そしてさらに不安や恐れにかられ、ついには摂食障害になってしまいました。

摂食障害は症状自体も非常につらく、抜け道のない迷路に迷いこんでいるような気持ちで毎日過ごしました。その十数年は本当に地獄のようでした。いっそ死んでしまおうと思ったことも何度もありました。

でも私は、人生を諦めることができなかったのです。

摂食障害は5年ほどすると、自分の一部のようになっていきました。治ればいいけれど、多分治らないだろうし、一生私は摂食障害と付き合っていくんだろうと覚悟を決めていました。

しかし摂食障害よりも許せなかったのは、この思考でした。

なぜいつもこんなにも私の思考はマイナスで、ネガティブなのか。私は自分の思考が嫌いで嫌いで仕方がありませんでした。この思考だけは本当の自分ではないと思いたかったのです。

それでいろいろなカウンセリングやセラピーを受けに行ったり、そのスキルを学んだりしました。スキルを学び始めた頃から、このテクニックを使って、「自分の思考を全部消してやる！　消えろ！」と思っていました。

ですが、消しても消してもどこからともなく湧き上がってくる思考に、私はうんざりしていました。

私が自分の思考を消しゴムで消すかのように消しにかかってから、約2年経っていました。

なぜあれほどに意地になっていたのか。

毎日毎日、自分の思考と向き合っては消すという作業を繰り返しました。きっとそれほどに、自分の思考を嫌っていたからなのですね。

その頃には自分の思考を知り尽くしていたので、ある程度自分の思考を手なずけることができるようになっていました。ですからこれまでよりは少しばかり気持ちが落ち着いて安定はしていました。それでも時々発作のように不安や恐怖にかられました。そのたびに私は、家族との関係をこじらせてしまったのでした。

ある日私が不思議なエネルギーにさらわれたとき、私の身にあることが起きました。それは、私と思考が完全に分離したのです。

正確には、思考は私ではないと知っていた「真の自分」に気がついたのです。

思考から完全に切り離されたときの開放感と幸福感、これは今でもずっと続いています。

もちろん人生には、いろいろ大変なことやつらいことは起きます。

そしてそれに対して、私の思考はあれやこれやと解釈をして、そしてその解釈をもとに、恐怖や不安、怒りなどを湧き上がらせるのです。

しかしこれまでとまったく違っていることが一つだけあります。

それは、その思考や、思考によって湧き上がってくるネガティブな感情は、本当の自分ではないということです。

真の私は知っていたのです。思考が自分ではないということを。しかし思考を嫌っていたのも、また自分の思考でした。思考が自分ではないといいなという希望を持っていた自分がいたのですが、その自分の正体に気がついたのです。

これは頭ではなかなか理解することはできません。頭で理解をするのはすべて、みなさんの思考だからです。

私たちの頭の中には、「思考」というみなさんの真の存在とはまったく別の存在がいます。

ほとんどの人はその思考の話やそれによって湧き上がってくる感情と同化してしまっています。

つまり、私たちは思考の奴隷になっているのです。思考によってマインドコントロールされているのです。私たちは起こる出来事に、さまざまな解釈を思考の中で行って、それを真実だと受け取ってしまっているのです。

ですから思考がネガティブであれば、起こる出来事もネガティブなのは当然です。

今みなさんが見ているこの世は、単なる思考の投影にすぎません。その投影の世界をより良く変えようとしたりすることは悪いことではありませんが、ゴールのない迷路で出口を探してグルグルしているようなものです。

私たちが真に幸せになれるのはたった一つだけ。

本当は誰しもが、このたった一つが何かを知っていて、でも思い出せなくて探し続けているのです。思考が投影された世界で探し続けても見つけることができないのです。

そのたった一つの真の幸せとは、思考というマインドコントロールから解放され目を覚ますことだからです。

私たちが探し続けている幸せは、思考の外側に出ることです。そのとき、私たちは感じたことのない幸福感と喜び、自由と無限の可能性、そして愛がそこにあったと感じることができるのです。

よく、ＭＯＭＯＹＯさんに会いに行けば不思議な体験ができるとか、サイキックになれるということを期待して来てくれる人がいます。または目の前の問題を全部解決してくれるんじゃないかと信じて来てくれる人もいます。

『スピリチュアル・アナトミー®』はパワフルで、不思議でミステリーなところが確かにたくさんあります。宇宙の存在もたくさん介入しています。

しかし彼らの目的も、私の目的も、たった一つです。

それは、みなさんをみなさんの頭の中に存在する思考から、真の存在に目覚めさせることなのです。

思考から真の存在に目覚める過程で、私たちは４次元の空間を通過します。そのときに、過去の記憶を辿るため、身体が勝手に回転したり、床に倒れてしまったり、笑いが込み上げてきたり、泣いたり……という身体のリアクションが起きます。

しかし『スピリチュアル・アナトミー®』は、その現象を人々にもたらすためのものではありません。それでは少し目的がズレてしまいます。

『スピリチュアル・アナトミー®』は宇宙テクノロジーだと私は思っています。つまり宇宙からのお助け舟。これは本当に魔法のようです。驚くほどのパワーとスピードで、人々を思考から外していきます。

『スピリチュアル・アナトミー®』に出会うことで、これまで何人もの人が真の幸福、人生の本当の意味を知ることができました。

私もまたその一人です。

大切なのは目の前の出来事を改善することでも、今の人間関係を良くすることでも、お金をもっとたくさん得ることでもありません。

そこには一時的な幸せはあっても、真の幸福は存在しません。私たちが求めている本当の幸せは、思考から解放されることなのです。そして目の前に起き続ける出来事もまた、みなさんを1日でも早く思考から目覚めさせるための出来事なのです。

これは宇宙からの計らいなのです。起こることは起こるのです。出来事を防ぐことはできません。しかし私たちが苦しんでいるのは、その出来事による思考の解釈なのです。

この本が少しでもみなさんに何らかの気づきを与え、思考から解放され、真の存在に目覚めることができればと願っております。

そして『スピリチュアル・アナトミー®』の魔法が、この本を通してみなさんに伝わりますように。

MOMOYO

MOMOYO

大阪府出身、イギリス・ロンドン在住。

幼少時代より、人々の感情を感じ取りそこからカルマを読みとるという能力を持っていたが、自分の能力を恥じ、あるとき完全に能力を封印。

それ以降は自尊心を失い、摂食障害を13年間患う。

自分の思考を変えるため、セラピーやヒーリングを学ぶようになり、ある日不思議なエネルギーにさらわれる。

その日を境に、封印していた能力が一気に取り戻され、摂食障害も消える。

そのエネルギーが一瞬で人々に変容をもたらすことを知り、2012年から本格的にワーカーとして活動を開始。

『Spiritual Anatomy®』創始者として、プラクティショナーコースをはじめ、セミナー、セッション、ワークショップなど、イギリス・ロンドンを拠点に行っている。

主なスキル
Holistic Healing College Integrated Counsellor、日本心理協会認定心理士、現代レイキマスター、A Course in Miracle 奇跡の学習コース、EFT Picture Tapping トレーナー、Matrix Reprinting、EFT（Emotional Freedom Techniques／感情解放テクニック）、Focusing（フォーカシング）、グリーフセラピー他

ホームページ：http://www.kokoroprincess.com
Facebook：MomoyoSmoczyk
Twitter：MOMOYO（@MomoyoSmoczykJP）

この新版は、初版の内容はそのままに、装丁を新たにし、本文を組み直したものです。

パワー・オブ・ラブ 新版

●

2016年1月28日　初版発行
2024年6月21日　新版第3刷（累計第4刷）発行

著者／MOMOYO

編集／澤田美希
本文デザイン・DTP／山中 央

発行者／今井博揮
発行所／株式会社 ナチュラルスピリット
〒101-0051 東京都千代田区神田神保町3-2 高橋ビル2階
TEL 03-6450-5938　FAX 03-6450-5978
E-mail: info@naturalspirit.co.jp
ホームページ https://www.naturalspirit.co.jp/

印刷所／創栄図書印刷株式会社

ISBN978-4-86451-310-4 C0011